Liselotte und Armin Orgel-Köhne · Jürgen Grothe

Zitadelle Spandau

CIP-Kurztitelaufnahme der Deutschen Bibliothek
Orgel-Köhne, Liselotte

Zitadelle Spandau / Liselotte u. Armin Orgel-Köhne; Jürgen Grothe.
ISBN 3-7605-8536-1
NE: Orgel-Köhne, Armin: ; Grothe, Jürgen:

Alle Fotos von Liselotte und Armin Orgel-Köhne. Texte von Jürgen Grothe.
Grafische Gestaltung von Rudolf Flämig, Berlin.
© by arani-Verlag GmbH Berlin 1978
Alle Rechte vorbehalten, auch die der fotomechanischen Wiedergabe, der Dramatisierung, der Funkübertragung und des Vortrages
Printed in Germany
Lithographie des Einbandbezuges: Brandt & Vejmelka, Berlin
Satz, Druck und Lithographie der Abbildungen: Color-Druck, Gerhard Baucke, Berlin
Auflagenkennzeichnung (letzte Ziffern maßgebend)
Auflage: 5 4 3 2 1
Jahr: 1982 81 80 79 78

Inhalt

Textteil	Seite	Bildteil	Seite
Geleitwort	7	Kommandantenhaus	33
Die Burg Spandau	9	Palas	52
Von der Burg zur Hofburg	10	Juliusturm	55
Palas und Juliusturm	12	Bastion König	65
Die Hofburg zur Zeit der Hohenzollern	13	Bastion Kronprinz	85
Die Festung	14	Nordkurtine	101
Das Torhaus	17	Bastion Brandenburg	102
Die Bastionen König und Königin	18	Bastion Königin	116
Die Bastionen Kronprinz und Brandenburg	19	Südkurtine	120
Knüttelkrieg auf der Krienicke	21	Innenhof	122
Unter den preußischen Königen	22		
Napoleon in der Zitadelle	23		
Die Preußen vor der Zitadelle	24		
Nach der Belagerung	25		
Der Reichskriegsschatz im Juliusturm	26		
Das Gelbe Schloß	26		
Die Festung im 20. Jahrhundert	27		
Die Zitadelle als Gefängnis	28		
Zu den Fachausdrücken	30		
Zeittafel	31		

Die Bedeutung der Zitadelle im öffentlichen Bewußtsein ist in den letzten Jahren gewachsen. Dieser Bedeutungszuwachs legt ein Zeugnis ab, wie stark heute das Bedürfnis nach neuen Bezugswerten gestiegen ist.

Zu diesen neuen Orientierungen gehört nicht nur die Auseinandersetzung mit der Geschichte und ihren sichtbaren Zeugnissen in der persönlichen Umwelt; sicherlich zählt hierzu auch ein neues Empfinden für eine menschliche, verständliche und schöne Umwelt.

Die Zitadelle soll diese Aufgabe erfüllen helfen.

Die Zitadelle erfährt deshalb eine wohl entscheidende Veränderung in ihrer Funktion: sie ist nicht mehr militärische Zweckanlage, die den jeweiligen Nutzungsvorstellungen entsprechend umgeändert worden ist, sondern sie erhält jetzt den ausschließlichen Rang eines historischen Dokuments.

Dieses Dokument muß in seinen wesentlichen Teilen erhalten, oder nach Maßgabe des Befunds wieder in den entsprechenden Zustand gebracht werden.

Die Wiederherstellung der Zitadelle kann sich nicht an einem idealen Urzustand orientieren. Sie muß — ähnlich den Jahresringen eines Baumes — das Schicksal der Anlage ablesbar machen: ihre Entwicklung seit der Mitte des 14. Jahrhunderts an den vorhandenen Bauwerken; ihre Geschichte vor dieser Zeit anhand der auszustellenden Grabungsergebnisse. Diese Ergebnisse hat die Bodendenkmalspflege bereits erfolgreich zutage gefördert.

Gerade wegen ihres hohen Eigenwertes besitzt die Zitadelle einen übergeordneten Rang innerhalb der Stadt: als Naherholungsgebiet für die Spandauer Altstadt und als historische Stätte für Berlin.

Neben der Zitadelle Jülich (a. d. Ruhr, NRW), ist sie als einzige Festung aus dem 16. Jahrhundert erhalten geblieben.

Die Zitadelle Spandau ist eine einmalige Festungsanlage im mitteleuropäischen Raum.

Professor Dr. Helmut Engel
Landeskonservator

Die Spandauer Zitadelle ist eine der bedeutendsten Festungsanlagen des 16. Jahrhunderts in Europa. Im Stil der Hochrenaissance errichtet, schließt sie den Juliusturm und den Palas, zwei Gebäude der Burg Spandau, in ihren Komplex ein.

Die Burg Spandau

Auf dem heutigen Zitadellengelände befand sich ursprünglich eine slawische Besiedlung. Nach den heutigen archäologischen Grabungsergebnissen läßt sich aber noch nicht sagen, ob es sich um eine Wohnsiedlung oder eine befestigte Anlage handelte. Sie ist in ihren Anfängen noch nicht zu datieren. An der Stelle des Palas (Hauptwohngebäude einer Burg) bestand die slawische Besiedlung im 11. und 12. Jahrhundert. Auch nach der Verlegung der deutschen Burg vom Burgwall südlich der Altstadt auf die heutige Zitadelleninsel, blieb die slawische Siedlung bestehen. Es ist anzunehmen, daß die Slawen fortan Dienste für die askanischen Markgrafen erledigten und sich aus der slawischen Siedlung der Kietz entwickelte, der bis zum Bau der Zitadelle, ab 1560, südlich der deutschen Burg lag. Der Kietz wird 1319 als Dorf urkundlich genannt. Nach dem Landbuch Kaiser Karl IV. von 1375 umfaßte er 25 Häuser, von denen jedes jährlich 15 Pfennig an das Schloß zu zahlen hatte. Die Kietzer waren zu Hofdiensten verpflichtet. Sie mußten für Holz und Fisch sorgen, Botengänge bis zu zwei Meilen in der Umgebung erledigen, bei der Heuernte helfen, im Sommer den Festungsgraben reinigen und im Winter vom Eis befreien. Zweimal im Jahr mußten sie die Havelschwäne pflücken (rupfen). Dafür waren sie abgaben- und zollfrei, besaßen seit ältester Zeit die Fischereigerechtigkeit auf der Spree vom Damm unterhalb Berlin-Cöllns und auf der Havel vom Valentinswerder bis zum Mühlendamm bei Brandenburg. Wegen ihrer Zugehörigkeit zum Schloß unterstanden sie dem markgräflichen Richter.

Während der Ostkolonisation legten die Askanier zur Sicherung ihrer Ostgrenze im Zuge der sogenannten Havel-Nuthe-Linie Burgen an, zu denen die Burg Spandau zählt. Gleichzeitig konnte der Handelsweg gesichert werden, der aus dem Rheinland über Magdeburg, Brandenburg nach Spandau führte und sich kurz vor Spandau mit dem Weg von Tangermünde, Rathenow, Nauen vereinigte. Dieser Weg lief dann weiter nach Lebus, elf Kilometer nördlich von Frankfurt an der Oder, wo sich der Oderübergang nach Polen-Rußland befand. Die Askanier nutzten die Pionierarbeit der Slawen, die es verstanden, bei der Anlage ihrer Siedlungen oder Burgwälle den natürlichen Schutz des Ortes durch Wasserläufe oder Sümpfe zu nutzen. In Spandau kam ihnen das Mündungsdelta Spree-Havel entgegen.

Die strategische Lage der Burg, die auf dem nördlichen Zitadellengelände lag, war einzigartig. Sie war im Norden von der Krienicke, einer seenartigen Erweiterung der Havel, im Westen, Süden und Osten von weiteren Havelarmen umgeben. 1197 erfolgte die erste urkundliche Erwähnung Spandaus. Ein „Everardus advocatus in Spandowe" wird als Zeuge in einem von Markgraf Otto II. für das Capitel zu Brandenburg ausgestellten Schutzbrief genannt. Advocati waren angesehene Persönlichkeiten, die als Vögte oder Richter eines Markgrafen fungierten. Sie hatten die Aufgabe, einen Bezirk zu verwalten und Recht zu sprechen. Die Nennung des „Everardus advocatus" belegt das Vorhandensein einer Burg oder eines landesherrlichen Sitzes.

Aus dem Jahre 1229 besitzen wir ein weiteres Indiz für die Existenz einer Burg in Spandau. Die markgräflichen Brüder Johann I. und Otto III. wurden in einer Schlacht an der Plaue bei Brandenburg vom Erzbischof von Magdeburg besiegt. Brandenburg verweigerte ihnen die Aufnahme, woraufhin sie nach Spandau flohen. Etwa um diese Zeit waren Barnim und Teltow kolonisiert, d. h., sie gehörten fortan zum Herrschaftsbereich der Askanier. Das bestätigt der Bau der Burg Oderberg, 1214. Die Spandauer Burg, die zentral zwischen Barnim, Teltow, Havelland und gleichzeitig an einer wichtigen Handelsstraße lag, wurde in einen Sitz für Verwaltung und Hofhaltung umgewandelt. In die Spandauer Burg zog höfisches Leben ein. So weilte hier 1234 und 1236 der pommersche Herzog Barnim als Gast. 1279 gab die Verlobung der Tochter des Markgrafen Otto V., Beatrix, mit Bolko I. von Schweidnitz-Jauer Anlaß zu besonderen Feierlichkeiten.

Neben der Hofhaltung nahm die Verwaltung einen breiten Raum ein. Den Beweis hierfür liefern zahlreiche in Spandau ausgestellte Urkunden. So auch die von Markgraf Hermann am 20. 3. 1307 ausgestellte Vereinigungsurkunde der Städte Berlin und Cölln.

Von der Burg zur Hofburg

Auf dem Spandauer Schloß gab es zum Anfang des 14. Jahrhunderts Unruhe. 1308 starb Markgraf Hermann aus der ottonischen Linie der Askanier. Er hinterließ eine Verfügung, nach der vier seiner ritterlichen Räte seinen unmündigen Sohn Johann erziehen und beschützen sollten. Rechtlich fiel die Vormundschaft jedoch an Markgraf Otto IV., der ganz andere Pläne verfolgte. Er wollte, daß sein Neffe, der spätere Markgraf Woldemar, die Vormundschaft übernähme. Die Mutter willigte ein, womit nun wiederum die von Markgraf Hermann bestellten Vormünder nicht einverstanden waren. Sie brachten Johann auf die Spandauer Burg in Sicherheit. Daraufhin folgte der erste bekanntgewordene Entführungsfall in der Geschichte Spandaus. Der ergrimmte Woldemar überfiel die Spandauer Burg und entführte den Knaben. Woldemar bezeichnete sich fortan als Beschützer des Fürsten Johann (V.).

1317 wird die Hofburg erstmals urkundlich genannt. Markgraf Johann V., der 1308 aus Spandau entführt wurde, starb in ,,castro Spandow''. Im gleichen Jahr, am 12. April 1317, wird ein Dionysiusaltar in der ,,capelle castri Spandow'' mit gewissen Hebungen ausgestattet. Die Kapelle, deren Standort bis heute unbekannt ist, besaß nachweisbar noch einen Marienaltar, der 1335 Erwähnung findet.

Nach dem Tod Markgraf Johann V. übernahm Markgraf Woldemar als Alleinherrscher bis 1319 die Regierungsgeschäfte. Mit seinem Tod 1319 starben die Askanier in der Manneslinie aus. Die Mark Brandenburg kam an die Wittelsbacher. König Ludwig der Bayer belehnte 1324 seinen erst achtjährigen Sohn Ludwig mit der Mark.

Als der falsche Woldemar 1348 in der Mark Brandenburg auftrat — er behauptete, seinen Tod 1319 nur vorgetäuscht zu haben, um eine Wallfahrt in das Heilige Land unternehmen zu können — gehörten die Sympathien der Bevölkerung ihm und nicht dem ungeliebten Wittelsbacher Landesherren Ludwig dem Römer. So versammelten sich am 6. April 1349 die Abgesandten von sechsunddreißig Städten der Mark in der Spandauer Burg und gelobten Woldemar die Treue. Die Wittelsbacher versuchten, die Mark wieder in ihre Hände zu bekommen und am 2. Juli 1351 kam es zu einem Waffenstillstand zwischen Markgraf Ludwig dem Römer und den Städten Berlin-Cölln, der in Spandau geschlossen wurde. Wie dieses Beispiel zeigt, residierten auch die bayerischen Markgrafen des öfteren in Spandau. Der bereits genannte Markgraf Ludwig der Römer verlieh am 8. September 1356 seinem Kammerknecht Fritzel das ,,Thurm-Amt zu Spandow mit allen Nutzen, Früchten, Ehren, Gemachen, Renten und Gerechtigkeiten''. Kammerknechte waren hohe Staatsbeamte, und da Frit-

Über Spandau führende Land-Handelsstraßen

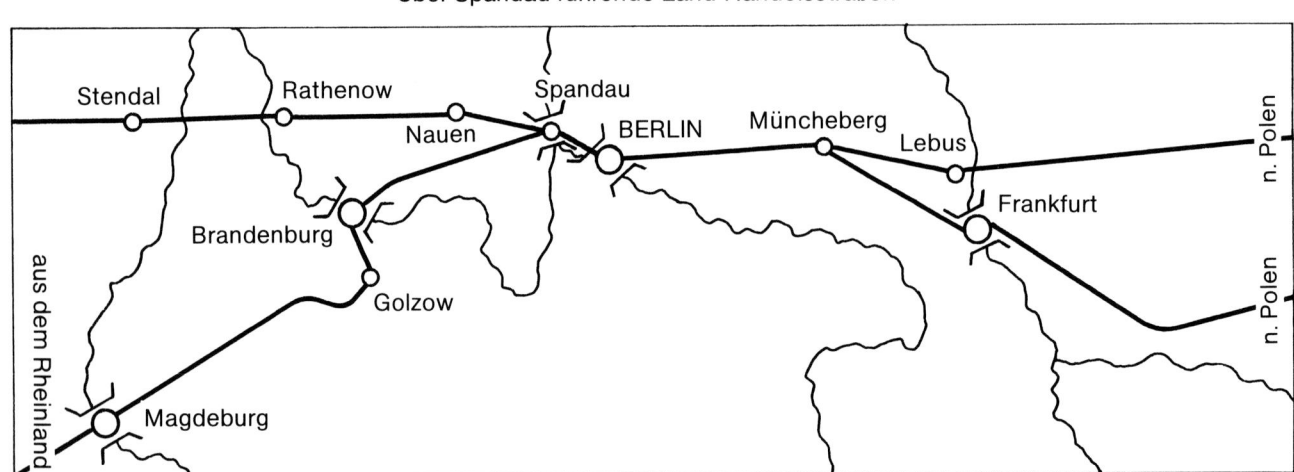

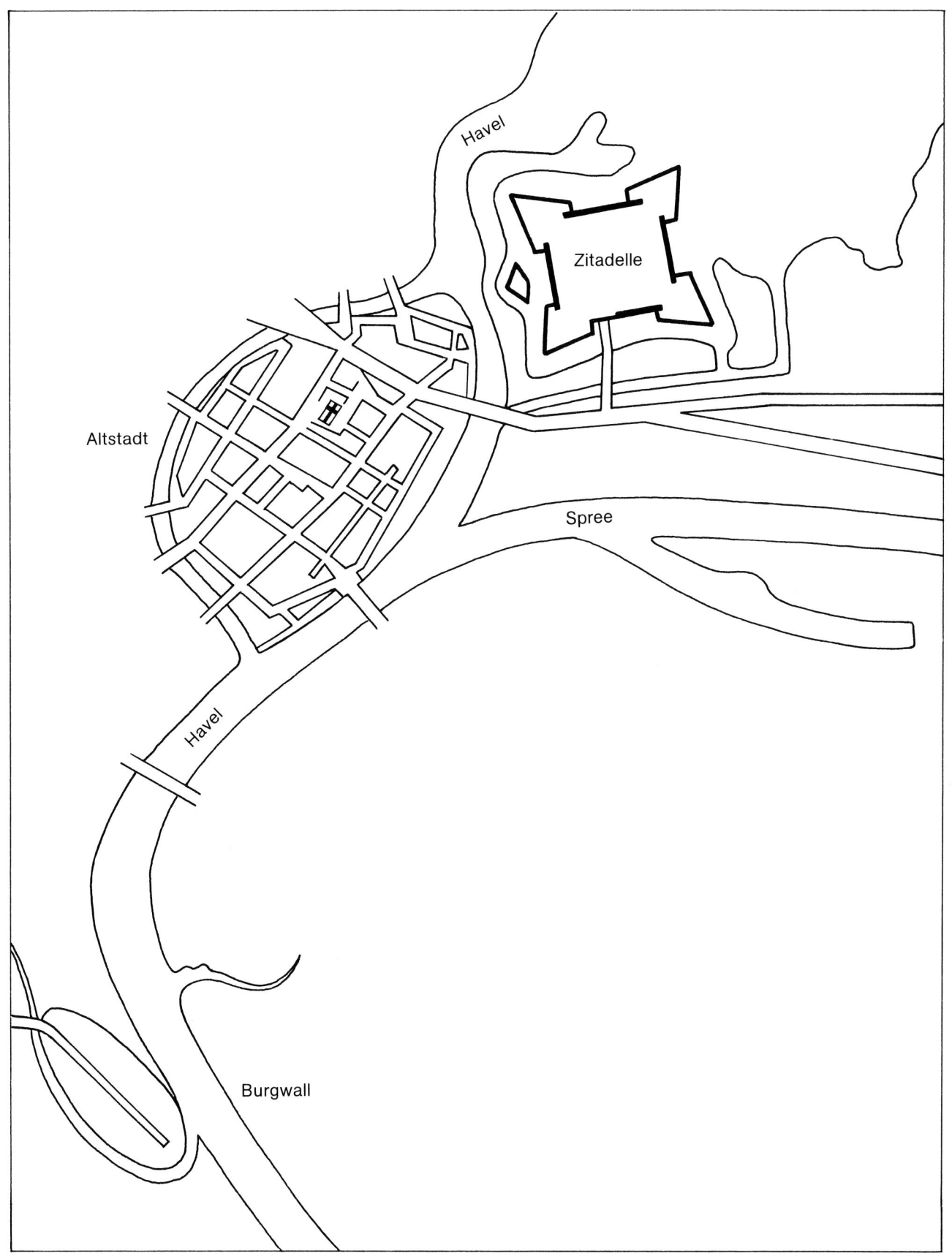

zel Jude war, hieß der Turm fortan Judenturm. Aus dieser Bezeichnung entwickelte sich nach Forschungsergebnissen Kurt Pompluns die spätere Bezeichnung Juliusturm. Die Inhaber des Turmamtes hatten die Aufgabe, die Landstraße zu überwachen, Wegezoll zu kassieren und einen gewissen Teil an den Landesherren abzuführen.

Palas und Juliusturm

In dieser Zeit entstand, wie die Bauuntersuchungen 1976 und 1977 zeigten, der Bau des heutigen *Palas*. Er wurde auf einer Pfahlgründung errichtet, auf der bis 1348 datierte jüdische Grabsteine aufliegen. Die ab 1955 freigelegten Steine stammen von einem jüdischen Friedhof, der zu einer unbekannten Zeit eingeebnet wurde. Sie fanden beim Bau des Palas als Baumaterial Verwendung. Der älteste Stein stammt aus dem Jahr 1244.

Am heutigen Bau lassen sich vier Bau- oder Umbauzeiten erkennen. Die Erbauung im Stil der Gotik um 1350, die Modernisierung 1520 in einen Renaissance-Bau, der Umbau im Stil des Klassizismus um 1820 sowie die Umgestaltung 1936 in ein Offizierskasino. Im ersten und zweiten Stock kamen 1977 gotische Fensterlaibungen zum Vorschein, die Grundlage für eine Rekonstruktion bieten.

Der Palas war das Wohnhaus der Burg. Hier wohnten die Landesherren, wenn sie in Spandau weilten. Die Innenräume des Palas waren unverputzt. Die Fugen zwischen den Ziegelsteinen im Klosterformat besaßen Ritzungen. Nägel im Mauerwerk deuten darauf hin, daß die Wände mit Leinen bespannt waren. Der Palas ist in der Burgengeschichte eine Weiterentwicklung des Wohnturmes. Er besaß einen Kamin und eine Küche, die in Spandau in der Südtonne des Kellers nachgewiesen werden konnte. An diesen Gebäuden gibt es die ersten künstlerischen Bauformen auf einer Burg, die in Spandau als Rundblenden, sogenannten Ochsenaugen, die ursprünglich eine Bemalung zeigten, vorhanden sind. Im ersten Stock befand sich ein großer durchgehender 4,65-4,70 Meter hoher Festsaal, die Wohnräume waren im Obergeschoß. Der Zugang in das Haus erfolgte über eine Außentreppe an der Nordseite. In der ersten Hälfte des 16. Jahrhunderts wurde der Palas dem sich wandelnden Zeitgeschmack angepaßt und im Renaissance-Stil umgebaut. Die gotischen Fenster wurden herausgeschlagen und durch Renaissance-Fenster ersetzt. Vor dem Kellergeschoß der Nordseite errichtete man eine gewölbte Halle mit einem Treppenturm darüber. Guterhaltene Ofenkacheln zeugen von der prunkvollen Inneneinrichtung, denn das Spandauer Schloß, wie die Hofburg jetzt hieß, diente seit Vollendung des Schlosses in Berlin, 1451, als Wohnort der Witwen der brandenburgischen Kurfürsten. Als erster verschrieb Kurfürst Friedrich II., 1452, das Spandauer Schloß seiner Gemahlin Katharina, die von 1470-76 hier wohnte. Bei der Explosion des Pulverturmes der Bastion Kronprinz, 1698, wurde auch der Palas in Mitleidenschaft gezogen. Er erhielt beim Wiederaufbau eine Innenausstattung im Stil des Barock. 1703 waren die Arbeiten beendet und König Friedrich I. stiftete einen Willkommensbecher und ein Gästebuch, in das er eintrug: ,,Habe ich als König dieses Buch machen lassen und auch am ersten darinnen geschrieben, Gott helfe mir und meinem Königshause noch ferner und gebe das, suum quiqué — einem jeden das seinige — Friedrich R.''

Um 1800 wurde das Gebäude erneut umgebaut. 1809 diente es bereits als Laboratorium. Während des Beschusses der Zitadelle durch preußische Truppen 1813 brannte der Palas aus. Nach der Wiederherstellung in den klaren Formen des preußischen Klassizismus kam 1817 ein Geheimes Raketenlaboratorium in die Räume. Eine völlige Umgestaltung zum Offizierskasino folgte 1936. Aus dieser Zeit stammen die heutigen Fenstereinbrüche und die Gestaltung des Einganges.

Neben dem Palas steht der *Juliusturm,* das Wahrzeichen Spandaus, dessen Bauzeit unbekannt ist. Sie liegt dem Baubefund nach im 13.-14. Jahrhundert. Der 31 Meter hohe Turm ist des öfteren repariert und umgebaut worden. Er war ursprünglich der Bergfried oder Wachtturm, der einen weiten Blick ins Land ermöglichte, er diente als Zufluchtsstätte bei Gefahr und sein Verlies zur Unterbringung von Gefangenen. Als Beweis hierfür dient der Ausspruch „einen mit dem Julius bestrafen", der seit 1400 üblich war.

Der Juliusturm besteht im unteren Teil aus einem 3,20 Meter hohen Sockel aus unregelmäßig beschlagenen Feldsteinen. Das Erdgeschoß mit dem ehemaligen Verlies besitzt seit 1943 einen Zugang, der durch eine eiserne Tür verschlossen ist. Hier befand sich im Zweiten Weltkrieg der Sitz einer Luftschutzzentrale. Das aufstrebende Backsteinmauerwerk besteht aus Ziegelsteinen im Klosterformat, das 1838 eine teilweise Vorblendung aus Rathenower Ziegelsteinen erhielt. Karl Friedrich Schinkel entwarf 1838 den Turmabschluß im Sinne der Deutschen Romantik. Der heutige Eingang in den Turm stammt aus dem Jahr 1843, die Tresortür aus dem Jahr 1910. Tritt man in den Turm, steht man im ehemaligen Verlies. Die Zwischendecke stammt ebenfalls aus dem Jahr 1843. Eine Wendeltreppe in neugotischer Form führt in eine runde Öffnung in der Kuppel, das sogenannte Angstloch. Hier wurden die Gefangenen an einem Seil heruntergelassen.

Das Obergeschoß diente als Wohngeschoß. Dort befindet sich eine Kaminnische, die 1963 freigelegt werden konnte. In ihr lagen Akten, die als Zeitpunkt der Zumauerung auf das Jahr 1873 weisen. Rechts und links der Kaminnische befinden sich zwei kleine dreieckig geschlossene Nischen. Sie dürften als Aufstellungsort für Heiligenfiguren gedient haben. Es wird sich hier um die Übernahme alter kultischer Bräuche handeln, denn der Herd oder das Feuer waren in früheren Jahrhunderten der Sitz der Götter. In dieser Etage befand sich auch der Turmeingang, der heute durch eine Holztür verschlossen ist. Wie bei allen mittelalterlichen Türmen lag auch in Spandau der Eingang etwa 10-15 Meter über dem Erdniveau. Eine Holzbrücke führte vom Palas in den Turm, in den sich die Besatzung bei Gefahr zurückziehen konnte. So bestand die Möglichkeit, die Holzbrücke abzubrechen und sich einige Zeit in dem Turm aufzuhalten. Über der Wohnetage befindet sich ein hoher zylindrischer Raum, der durch eine Kuppelwölbung von 1873 abgeschlossen wird. Seit 1964 führt eine Treppe auf die Aussichtsplattform. Der Turm war durch drei Balkendecken in vier Räume unterteilt. Über Leitern gelangte man in die einzelnen Etagen. Im heutigen Erdgeschoß und Wohngeschoß lagerte von 1874-1919 der berühmte Reichskriegsschatz: 120 Millionen Mark in gemünztem Gold in 1200 Kisten verpackt. Auf diese Goldreserve bezieht sich der heute noch gebräuchliche Slogan unter Sparern: „Er schafft sich einen Juliusturm". Auch die Bezeichnung von „Schäffers Juliusturm" bezieht sich auf den Spandauer Turm. Fritz Schäffer war von 1949-1957 Bundesfinanzminister und schuf in dieser Zeit finanzielle Rücklagen.

Am 3. März 1893 wurde auf dem Juliusturm zum ersten Mal in Preußen ein optischer Telegraf erprobt, den der Direktor der „Königl. Academie der Wissenschaften zu Berlin", Franz Karl Achard, entworfen hatte. Gegenpol war das Schloß Bellevue im Berliner Tiergarten. Dort verfolgte der König den Versuch. Von Spandau wurden die Worte „Es lebe der König" durch Wortzeichen weitergegeben. Der König war mit dem Experiment zufrieden.

Die Hofburg zur Zeit der ersten Hohenzollern

Um 1400 stand die Mark Brandenburg im Zeichen des *Raubrittertums*. Rauben und Stehlen waren die „größte Kunst" und das beste „Handwerk". Das änderte sich ab 1412, nachdem Kaiser Sigismund dem Burggrafen Friedrich VI. von Nürnberg die Mark verliehen hatte. Friedrich nannte sich seit dieser Zeit Kurfürst Friedrich I. von Brandenburg. Sein Nachfolger, Kurfürst Friedrich II., verpfändete das Burglehen seines „Slosse Spandow" 1441 an seinen Küchenmeister Ulrich Zeuschel. In dieser Urkunde werden erstmals Gebäude des Schlosses genannt: „das Borgfrieden mit dem wohnhawse" (Juliusturm und Palas) und das Brauhaus. Friedrich II. war es, der die politische und wirtschaftliche Macht der seit 1432 vereinigten Städte Berlin-Cölln, die Mitglied der Hanse waren, brach. Er nutzte Streitigkeiten zwischen Berlinern und Cöllnern, indem er die Städte zwang, ihre Vereinigung wieder zu lösen. Die Cöllner mußten einen Bauplatz für ein Schloß zur Verfügung stellen. Diese Einschränkungen nahmen die

Städte nicht ohne weiteres hin. Sie stürmten die Kanzlei im „Hohen Haus" in der Klosterstraße und fluteten den Schloßbauplatz. Daraufhin bestellte sie der Kurfürst am 23. April 1448 vor das Hofgericht auf das Schloß Spandau. Die Berliner und Cöllner erschienen nicht. Der Kurfürst reagierte auf seine Weise. Er lud hochgestellte Persönlichkeiten der Mark Brandenburg, wie den Bischof von Brandenburg und die Bürgermeister und Ratsherren der Städte Brandenburg, Frankfurt/Oder und Prenzlau nach Spandau. In mehreren Sitzungen wurde über den Aufstand, der als „Berliner Unwillen" in die Geschichte eingegangen ist, verhandelt. In einer Urkunde vom 5. Oktober werden die Verhandlungsorte näher lokalisiert. Sie fanden statt in der „cleyne Stubelin über dem Torhuss" und in „meiner gnedigen frowen Stubelin". Die Berliner zogen in diesem Rechtsstreit selbstverständlich den kürzeren. Sie mußten dem Kurfürsten Zugeständnisse einräumen, der seinen Schloßbau in Berlin fortsetzte und 1451 vollendete. Mit dem Umzug des Hofes nach Berlin verlor das Spandauer Schloß an Bedeutung. Es diente, wie erwähnt, fortan als Witwensitz.

Die *Bauernkriege* führten zu einem verstärkten Schutzbedürfnis der Landesherren. Die Schlachten und Belagerungen der zwanziger Jahre des 16. Jahrhunderts zwangen zu einer Weiterentwicklung der Geschütze. Dieser Entwicklung mußte zwangsläufig die Verbesserung der Verteidigungssysteme folgen. Das feste Schloß in Spandau war durch sogenannte Rondelle und Ringmauern gesichert, die ungenügend zu verteidigen waren und den modernen Geschützen nicht genügend Schutz entgegensetzen konnten. 1527-1529 hatte der Baumeister Michele Sanmicheli Verona in Norditalien mit einer neuen Befestigung umgeben. Dieses Verteidigungssystem war das modernste in Europa. Es ging als die neuitalienische Befestigungsmanier in die Geschichte ein und galt als Vorbild für zahlreiche in Europa entstehende Festungsbauten. Die erste Festung, die in dem neuen Stil nördlich der Alpen erbaut wurde, war die *Zitadelle in Jülich*. Das neue Verteidigungssystem hatte den Vorteil, daß alle Festungsmauern gleichzeitig verteidigt werden konnten und sich vor den Mauern keine toten Winkel bildeten. Um das zu erreichen, errichtete man Sandwälle, die die Aufgabe hatten, die Gebäude innerhalb der Festung vor Beschuß zu schützen. Die langen Wallanlagen, Kurtinen genannt, sicherte man durch Bastionen, die man an den Stellen, an denen zwei Kurtinen aufeinanderstoßen, anordnete. Die Bastionen sind aus den Kurtinen herausgeschoben und so angelegt, daß die Verteidiger von ihnen aus die langen Mauern der Kurtinen kontrollieren konnten. Die Bastionen bestehen aus Facen, die die Langfronten bilden, und Flanken, die im rechten Winkel auf die Kurtinen stoßen. Die Flanken sind unterteilt in vordere und zurückgezogene mit hohen und niederen Verteidigungslinien.

Die Festung

Nach dem Tod Kurfürst Joachim I., 1535, kam die Mark Brandenburg durch Erbteilung an Kurfürst Joachim II. und die Neumark an dessen Bruder Johann. Dieser ließ ab 1537 seine Residenzstadt Küstrin mit einer bastionierten Befestigung umgeben. Den Entwurf lieferte der italienische Baumeister Chiaramella de Gandino. Das regte Joachim II. an, seinerseits eine *Festung* zu erbauen. Weitere Gründe waren die unruhige politische Lage im Reich, das in Katholiken und Protestanten geteilt war, die Nachwirkungen des Schmalkaldischen Krieges und der Bauernkriege. Kurfürst Joachim II. hatte Zossen, in der Nähe der sächsischen Grenze, als Ort der Festung ausersehen. Wegen der Nähe Berlins entschloß man sich jedoch für Spandau, das der Residenz Berlin einen besseren Flankenschutz geben konnte und als Zufluchtsort für den Hof schneller zu erreichen war. Außerdem gab es eine gute Verbindung auf dem Wasser zwischen Berlin und Spandau. Die Vorarbeiten begannen 1557 mit der Umsiedlung des Kietzes, der südlich des Schlosses lag, der Zuschüttung eines Havelarmes, der vor der Südseite des Palas entlangführte und über das gesamte Zitadellengelände lief, sowie der Verlegung der aus dem Rheinland kommenden, an die Oder führende Landstraße. Die Arbeiten leitete der Baumeister Christoph Römer, der auch Romanus genannt wird. Die Autorenschaft des Entwurfes des Zitadellenbaues ist nicht eindeutig geklärt. Da wir aber wissen, daß Chiaramella de Gandino den Entwurf für Küstrin lieferte und Römer dort die Bauleitung hatte (eine Arbeitsteilung, die auch für Peitz belegt ist), ist anzunehmen, daß Chiaramella auch den Spandauer Entwurf lieferte. Diese These wird durch den Umstand bestärkt, daß Chiaramella 1562 die Bauleitung in Spandau übernahm; Römer war wahrscheinlich der Aufgabe nicht gewachsen. So ist die untere Verteidigungsgalerie, die in seine Wirkungszeit fällt, eine Fehlplanung. Das Gewölbe ist als Parallelgalerie gebildet, d. h., die Gewölbe laufen parallel zur Bastionsmauer. Im Falle eines Artillerietreffers wäre die gesamte Galerie, der Funktion eines Reißverschlusses ähnlich, eingefallen. Römers Nachfolger haben diesen Fehler erkannt und die Galerie durch Quermauern verstärkt.

Die nötigen finanziellen Mittel ließ sich der Kurfürst

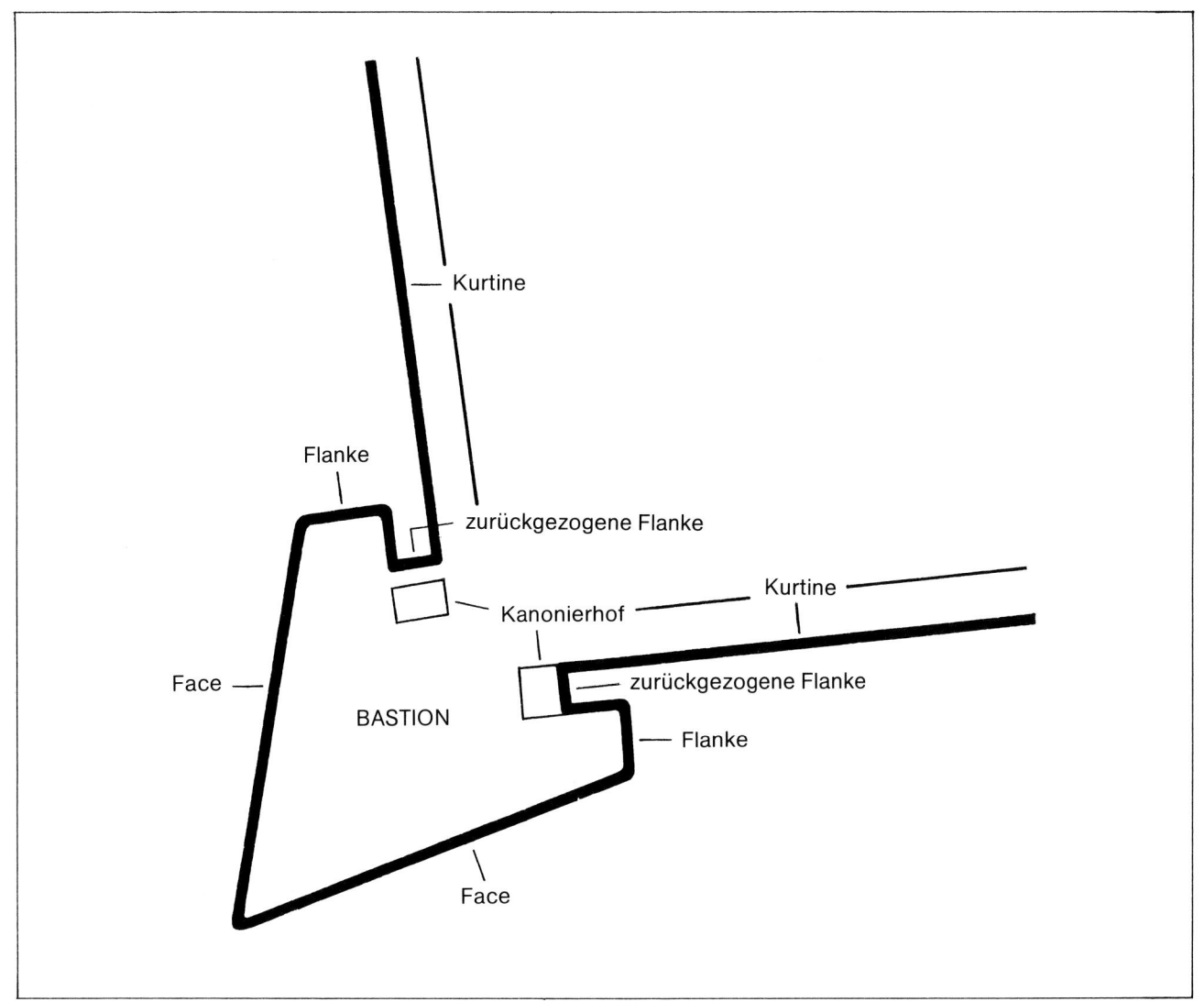

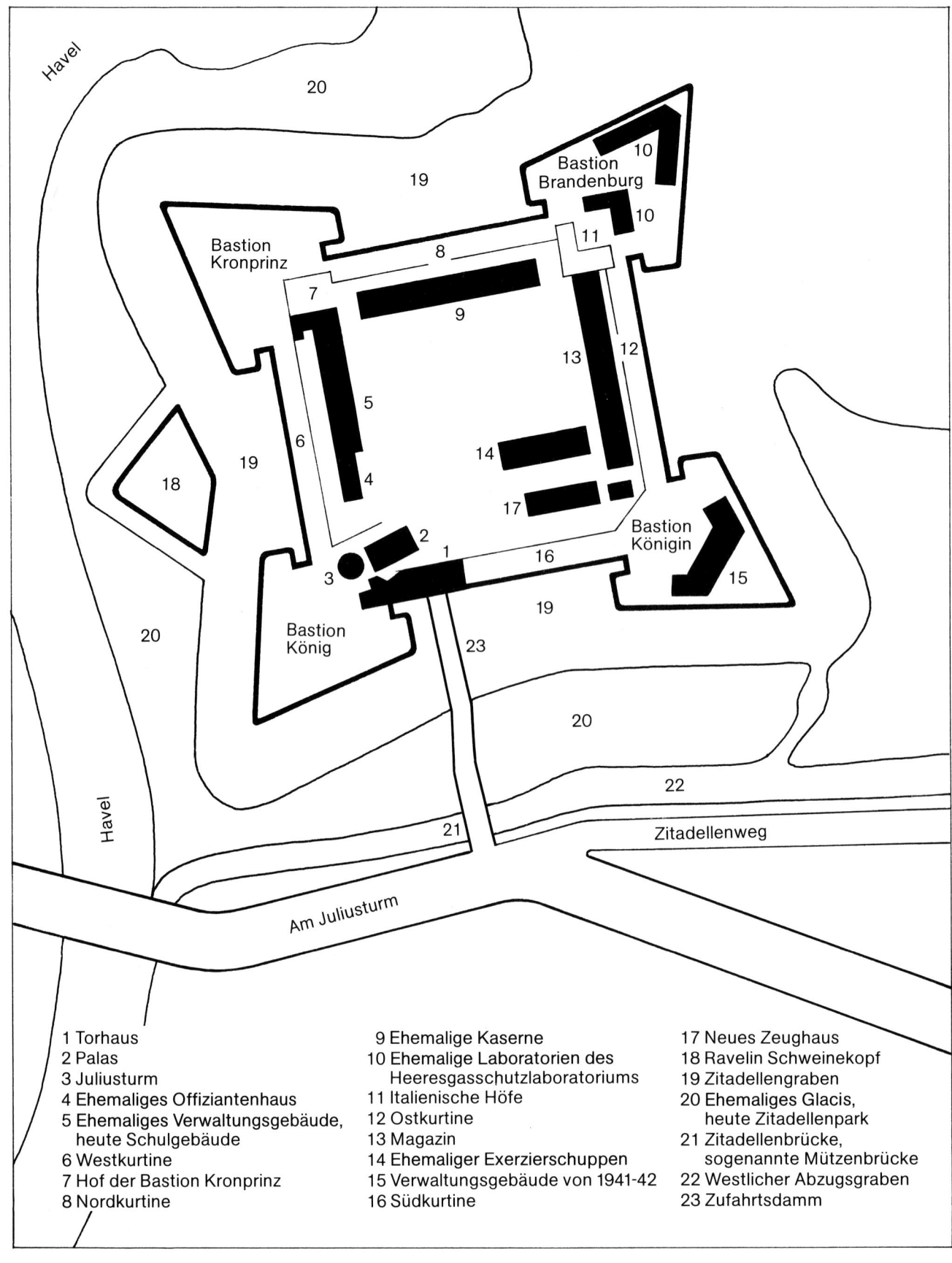

1 Torhaus
2 Palas
3 Juliusturm
4 Ehemaliges Offiziantenhaus
5 Ehemaliges Verwaltungsgebäude, heute Schulgebäude
6 Westkurtine
7 Hof der Bastion Kronprinz
8 Nordkurtine
9 Ehemalige Kaserne
10 Ehemalige Laboratorien des Heeresgasschutzlaboratoriums
11 Italienische Höfe
12 Ostkurtine
13 Magazin
14 Ehemaliger Exerzierschuppen
15 Verwaltungsgebäude von 1941-42
16 Südkurtine
17 Neues Zeughaus
18 Ravelin Schweinekopf
19 Zitadellengraben
20 Ehemaliges Glacis, heute Zitadellenpark
21 Zitadellenbrücke, sogenannte Mützenbrücke
22 Westlicher Abzugsgraben
23 Zufahrtsdamm

am 26. August 1559 auf einem auf das Schloß einberufenen Landtag bewilligen. Die Einberufung nach Spandau hatte den Grund, die Teilnehmer mit dem Festungsbauplan am Ort vertraut zu machen. Die märkischen Städte wurden verpflichtet, Gelder zwischen 14.000 und 20.000 Talern zu zahlen. Um für das Baumaterial große Transportwege zu vermeiden, errichtete man auf dem Plan, östlich der Zitadelle, eine Festungsziegelei. Die Ziegelerde holte man per Schiff aus der Umgebung Spandaus, maßgeblich aus Ruhleben, und aus Rüdersdorf Kalksteine, die noch heute im Mauerwerk zu erkennen sind.

Der Festungsbau begann 1560, nachdem 200 Fachkräfte aus Italien geholt worden waren, die die Fundamentierungs- und wassertechnischen Arbeiten durchführten. Weitere Arbeitskräfte mußten die Städte der Mittelmark stellen. Der Festungsbau stellte die Baumeister vor schwierige technische Probleme. Die Fundamente mußten auf teilweise 2 bis 20 Meter starken Faulsandschichten erbaut werden. Um den Schlamm zu verdichten und zu entwässern, schüttete man Bauschutt in ihn hinein. In diese Schutt-Schlammschicht wurden 4 x 4 Meter große Senkkästen getrieben. Innerhalb dieser Kästen hob man den Schutt wieder aus und rammte etwa 250 Pfähle je Kasten als Grundlage für die Fundamente ein.

Aus dem gleichen Jahr ist ein Armierungsentwurf erhalten, der die Bestückung der Festung mit Geschützen nennt. Sie sollte folgendermaßen aussehen: ,,Erstlich auf denn Borg nach der Stadt Spandow (Bastion König) 4 Kartaunen, 6 halbe Kartaunen, 3 kurze Dornderherrinn, 5 Feldschlangen, 4 Streubüchsen, 2 Steinbüchsen. Auf der Katzen (Kavalier) 1 lange Dornderherrin, 3 Feldschlangen. Auf den Julio (Juliusturm) 1 lange Dornderherrin und 2 Feldschlangen''. Die zurückgezogenen Flanken sollten ,,4 Steinbüchsen und 4 Streubüchsen, die Westkurtine mit 11 Quartierschlengeleinn'' bestückt werden. Für die Bewaffnung der restlichen 3 Bastionen, Kurtinen und Kavaliere war das gleiche Schema vorgesehen.

1562 endete die Tätigkeit Römers und der Venezianer Franziscus Chiaramella de Gandino übernahm die Bauleitung. Der Venezianer war ein erfahrener Kriegsbaumeister; an den Festungsbauten der Republik Venedig geschult, baute er z. B. an den Festungen in Küstrin, Peitz, Wolfenbüttel und Dömitz. In Anerkennung seiner Dienste um den Spandauer Bau ließ ihn Joachim II. 1569 zum Ritter schlagen. Unter Kurfürst Johann Georg erhielt er 1573 eine neue Bestallung als Architekt und Baumeister. Als Lohn erhielt er ,,solange ihn der Kurfürst zum Bau in Spandow oder sonst bedürfen würde, jährlich 1000 Taler Gehalt sowie 4 Wispel Roggen, 2 Wispel Hafer, Erbsen und ein fettes Schwein''.

Das Torhaus

Chiaramella ist der Entwurf des *Torhauses* zuzuschreiben. Als Venezianer kannte er das von Michele Sanmicheli 1534-1540 erbaute Stadttor Porta Nuova in Verona. Am Spandauer Zitadellentorhaus schuf er eine verkleinerte Kopie. Hier wie dort bildete eine dreischiffige Halle den Mittelpunkt. Sanmicheli gab dem Tor, dem Haupteingang in die Stadt Verona, eine Gestaltung, die vom Reichtum der Kaufmannsstadt zeugen sollte. Das Torhaus in Spandau war ein Prunktor. Joachim II. wollte dem auf der Landstraße Vorüberreisenden zeigen, wie aufgeschlossen er den Künsten gegenüber war. Man ging wegen der künstlerischen Gestaltung soweit, auf elementare Sicherheiten des Festungsbaues zu verzichten und die Einfahrt in die Festung nicht geschwungen, sondern gerade durch den Festungswall zu führen. Um die erforderliche Sicherheit für den Zufahrtsdamm dennoch zu erreichen, errichtete man über der Durchfahrt einen Pavillon für eine Geschützbatterie. Die Hallenarchitektur besitzt Rustikagliederung, die in Verona aus Naturstein, in Spandau in Backsteinen nachgestaltet wurde. Mit feinem Putz überzogen, täuschte man Hausteinblöcke vor. Die heutige Fassade der Feldseite stammt aus dem Jahre 1839. Sie wurde nach dem Beschuß 1813, bei dem das Torhaus Schaden erlitten hatte, in Formen des Klassizismus gestaltet. Risalitartig aus der Fassade herausgezogen, zeigt das Sockelgeschoß Rustikagliederung. Der Eingang ist durch einen Halbbogen akzentuiert. Durch Eckeinfassungen und

17

das nach oben abschließende Konsolgesims weist das Untergeschoß auf römische Stadttore. Auch die beiden Kanonenscharten in einer heute nicht mehr vorhandenen Zwischenetage stammen aus dieser Zeit. Die Fassadengestaltung des 16. Jahrhunderts zeigte eine doppelte Halbsäulenstellung, die ein Giebeldreieck trug. Darüber erhob sich ein dreieckförmiges Dach, das etwa 2 Meter höher war als der heutige Segmentbogen.

Das Torhaus ist ein Kreuzungsbauwerk. Es besitzt im Erdgeschoß den geraden Durchstich durch den Festungswall, im Obergeschoß, quergestellt, die Durchfahrt durch die Geschützbatterie als Verbindung von Bastion König zur Bastion Königin. Die mit Rustikaquaderung versehenen Außenwände des Obergeschosses, die ehemals frei auf dem Wall standen, wurden 1967 freigelegt.

Um 1620 wurde das Torhaus zum Kommandantenhaus umgebaut und erhielt, bis auf die Laube an der Ostseite, die heutige Größe. Die Schießscharten der Geschützbatterie wurden zu Fenstern umgestaltet, die mittlere zu einem Balkon. Zur Zeit des Großen Kurfürsten, um 1680, erhielt der Segmentgiebel eine Wappenkartusche. Sie zeigt das Wappenschild mit 27 Feldern. Es ist der Besitzstand Kurbrandenburgs mit 17 Besitz- und 8 Anspruchswappen sowie Kurzepter und Regalien. Das Wappenschild wird von dem 1348 gestifteten englischen Hosenbandorden mit der französischen Inschrift „Hone soit qui mal y pense" (ein Schelm ist, der Arges dabei denkt) umgeben. Ursprünglich wurde das Wappen von einem Kurhut abgeschlossen. Nach der Krönung Kurfüst Friedrich III. zum ersten preußischen König Friedrich I., 1701, wechselte man den Kurhut gegen die Königskrone aus Blei aus. Neben den Adlern als Schildhalter befinden sich kriegerische Trophäen, z. B. Fahnen, Gewehre, Lanzen, Schilde, Palmenzweige und Akanthusblattwerk.

Sie weisen auf die Bedeutung der Zitadelle als militärisches Objekt und auf die Brandenburgischen Truppen, die auf den europäischen Kriegsschauplätzen geschätzte Soldaten waren, hin. Nach 1620 baute man die Pferde- oder Reittreppe in die Westseite des Torhauses ein. Ein Verbindungsgang, dem Eingang der Bastion König vorgesetzt (sogen. Sperlingshof, 1935 abgerissen, 1977 rekonstruiert), verbindet die Räume des Torhauses mit denen des Palas.

Mit der Anlage des Festungsgrabens wurde eine *Pfahlbrücke* errichtet, die zum Torhaus führte und leicht abzureißen war. Die Brücke konnte von der Bastion König ausgezeichnet gesichert werden. Eine zusätzliche Sicherung brachten zwei Zugbrücken. In der Mitte des vorigen Jahrhunderts mußten für die Reparatur 18 Meter lange Eichenpfähle benutzt werden. Wegen der Anfälligkeit der Brücke begann man 1864 mit der Teilschüttung eines Dammes von ⅔ der heutigen Länge. Da der Zufahrtsdamm jetzt eine verminderte Sicherheit bot, errichtete man ein Defensionsgitter, das im geschlossenen Zustand von einem Gegner schwer zu überwinden war. 1882 wurde der Damm in voller Länge geschüttet und das Defensionsgitter an die heutige Stelle gerückt.

Die Bastionen König und Königin

Neben dem Torhaus entstanden ebenfalls zur Zeit Chiaramellas die *Bastionen König* und *Königin*. Sie besaßen als neuartige Entwicklung zurückgezogene Flanken, hinter denen Höfe lagen, die einem Gegner keine Einsicht gewährten und somit dem Beschuß entzogen waren. Zur Verteidigung bestand jedoch die Möglichkeit, einen Angreifer von den Höfen und Flanken aus unter Beschuß zu nehmen. Hinter den Höfen, die eine obere und untere Verteidigungsstellung besaßen, befinden sich Hallen, Kasematten (bombensichere Räume) und Erschließungsgänge, in Spandau wegen ihrer Dunkelheit teilweise „Schwarze Gänge" genannt. Beide Bastionen besaßen drei Verteidigungslinien, die untere Verteidigungsgalerie für Handfeuerwaffen, die obere abwechselnd für Kanonen und Handfeuerwaffen und das ungedeckte Plateau mit den Brustwehren. Die Bastionen besaßen ursprünglich Kavaliere oder Kanonentürme. Bei dem Beschuß der Zitadelle 1813 wurde die

Bastion Königin durch die Explosion des Pulverturmes so stark zerstört, daß bis 1842 ein vollständiger Neubau entstand. So zeigt heute nur noch die Bastion König, an einigen Stellen verändert, die Verteidigungskonzeption des 16. Jahrhunderts. Die Kehlkasematte ist von besonderem Interesse, in ihr wohnten im Belagerungsfall die Mannschaften und im 19. Jahrhundert diente sie als Pulverkammer.

Die bauliche Entwicklung stellte sich wie folgt dar. Um 1560 Erbauung mit oberer und unterer Galerie. Da Schwarzer Gang und Galerie ebenerdig sind, aber bombenfest sein mußten, und die Gewölbe des Schwarzen Ganges nicht freiliegen durften, wurden sie mit Erde bedeckt. Die Erdanschüttung war so hoch, daß man vom Hof aus in die obere Galerie gelangte; einen Gang hinter die Kasematten, wie heute, gab es nicht. Vom Pavillon des Torhauses führte eine Rampe in den Bastionshof hinunter. Nach Abzug der Schweden, während des Dreißigjährigen Krieges, 1634, wurden die Bastionen König und Königin umgestaltet. Der Hof wurde auf die heutige Höhe gebracht, die Kasematten der oberen Galerie zugeschüttet. Als Füllmaterial benutzte man Erde des Kavaliers, den man bis auf den noch vorhandenen, mit Kastanien bewachsenen Rest, reduzierte. Die Sandreste konnten zum Löschen von Feuer oder zum Bedecken der Balkenlagen in den Häusern bei Beschuß benutzt werden. 1643 waren die Arbeiten abgeschlossen, auf der Bastion fand ein Staatsakt statt. Kurfürst Friedrich Wilhelm, der spätere Große Kurfürst, nahm auf einer eigens für diesen Zweck errichteten Tribüne die Huldigung der Städte des Havellandes und der Zauche entgegen. Erst 1809, als die Mauern der unteren Galerie durchbrochen wurden, um sie wieder begehbar zu machen, entdeckte man die oberen Kasematten. Man entfernte das Füllmaterial und errichtete hinter ihnen eine Holzgalerie, einem Bergwerkstollen ähnlich. Da die Holzgalerie bald morsch wurde, ein erneutes Zuschütten etwa 800 Taler gekostet hätte, erbaute man 1823 unter Verwendung von Abbruchsteinen des Kavaliers der Bastion Brandenburg die heutige Rückwand der oberen Verteidigungsgalerie. Die Daten über den neogotischen Eingängen erinnern an die Erbauungszeit.

Die Bastionen Kronprinz und Brandenburg

1578 erhielt Chiaramella einen ehrenvollen Abschied. Sein Nachfolger war der allgemein bekannte Rochus Guerrini Graf zu Linar (Lynar; gebräuchliche Schreibweise: Lynar. Sämtliche von ihm unterzeichneten Urkunden weisen ein i = Linar auf). Wie sein Vorgänger kam er aus Italien, wo er am 25. 12. 1525 in Maradia in der Toscana als Sohn des kaiserlichen Obersten Babtista Guerrino geboren wurde. Wegen einer Blutfehde floh er, mit Empfehlungen der Medici versehen, nach Frankreich an den Hof König Franz I. Hier stieg er zum Generalinspekteur aller französischen Festungen auf. Er erbaute ab 1560 die Zitadelle in Metz. 1558 hatte Lynar an der Schlacht bei Diedenhofen teilgenommen und durch einen Büchsenschuß ein Auge verloren. Am 25. Mai 1564 heiratete der Baumeister in Metz die Gräfin Anne de Montot. Da er Protestant war, verließ er aufgrund der Hugenottenverfolgungen 1568 Frankreich und ging nach Deutschland, wo er in der Pfalz und Sachsen tätig war. 1578 berief ihn Kurfürst Johann Georg in die Mark Brandenburg. Sofort wurde ihm die Bauleitung der Festung Spandau übertragen. Bis 1581 wohnte er auf der Festung, dann wurde sein Palais an Stelle des heutigen Gebäudes Carl-Schurz-Straße 35 fertig, und er zog in die Stadt um. Der Kurfürst hatte ihm das Grundstück geschenkt.

Lynar erhielt den Titel ,,Sr. Kurfürstlichen Gnaden bestallter General- Obrister Artollerey Munition Zeug- und Baumeister''. Kurz nach der Übernahme der Bauleitung erließ Lynar am 6. Mai 1578 eine Arbeitsordnung, die bei Übertretung strenge Strafen vorsah. So heißt es u. a. ,,Wer flucht oder Gott lästert, sollte in Gegenwart aller Bauleut off den Knien ein abbitt thuen. So er solches zum anderen mahl thut, soll er Vier gantzer stunden am eisernen pranger stehen, zum dritten mahl einen gantzen Tagk und zum 4. mahl außer lande verwiesen werden''. Die Arbeitszeit dauerte werktags ,,von Montag nach Jubilate bis zum 1. September von morgens 3-7 Uhr, 7-8 Uhr Vesper, 8-12 Uhr arbeiten, 12-1 Uhr feiern, 1-7 Uhr abends wieder Arbeit''. Die

Arbeitszeit betrug demnach 14 Stunden. Wer nicht pünktlich zur Arbeit erschien, dem wurde der Lohn gekürzt. Wer meuterte oder Streit begann, sollte mit Geldabzug oder Gefängnis oder ,,am leib" bestraft werden. Wer sich aber auf dem Schloß schlug, dem sollte ,,ohne alle Gnad die rechte Faust abgehauen werden".

Unter Lynar entstanden die *Bastionen Kronprinz und Brandenburg,* die sich in ihrer Struktur der Entwicklung der Artellerie anpaßten und auf Verteidigungslinien für Handfeuerwaffen in Kasematten verzichteten. Beide Bastionen wurden von Kanonentürmen oder Kavalieren überhöht, von denen aus die Umgebung gesichert werden konnte.

In die Bastion Kronprinz wurde ein Kanonenturm einbezogen, der aus der Zeit vor 1560 stammte. Die Bastion Brandenburg erhielt als architektonisches Schmuckstück die sogenannten ,,Italienischen Höfe", die von Schwibbögen überspannt, an venetianische Architekturen erinnern. Die heutige Gliederung der Höfe stammt aus der Zeit 1822-1824. Der Kavalier, dessen Umfassungsmauern noch vorhanden sind, ist 1830-1831 erneuert worden.

Die Verbindung zur Bastion Kronprinz stellt ein Kanonengang her, der in den Bastionshof führt, in dem sich im 17. Jahrhundert eine Hafenanlage nachweisen läßt. Die architektonische Gestaltung des Ausfalltores an der Feldseite ist klassizistisch und stammt aus der Zeit nach 1813. Die westseite des Hofes ist barock. Sie zeigt einen Bogengang (Arkaden), der zwischen 1692 und 1700 errichtet worden ist. Im linken Flankenhof erinnert ein Gedenkstein an die Explosion des Kavalieres, in dem 964 Zentner Pulver lagerten und in den am 31. August 1691 der Blitz einschlug. Der Druck der Explosion war so stark, daß selbst in der Stadt zahlreiche Häuser beschädigt wurden. 21 Menschen kamen ums Leben. Die Wohnung des ,,Wachtmeisterlieutnants" wurde zerstört, er, seine Frau und seine beiden Söhne getötet. Der krank im Bett liegende Kommandant wurde mit dem Bett gegen den Ofen geschleudert, der einstürzte und den Kommandanten ,,sehr beschädigte". Der Wiederaufbau des Kavaliers dauerte bis 1700 und kostete 300 000 Taler. Von der Berliner Garnison wurden täglich 100 Soldaten nach Spandau abkommandiert, die für ihre Arbeit Verpflegung und Bier erhielten.

Zwei Jahre, nachdem Lynar die Bauleitung übernommen hatte, erhielt die Festung mit drei Rotten Landsknechten (24 Mann) die erste Besatzung. Nach etwa 34 jähriger Arbeit wurde der Bau um 1594 vollendet. Lynar überlebte die Vollendung 2 Jahre. Er starb am 22. Dezember 1596 in seinem Palais in Spandau und wurde in der Spandauer Nikolaikirche unter dem von ihm gestifteten Altar beigesetzt.

Wie erwähnt, ist die Zitadelle ein Bauwerk der Hochrenaissance, was in der Ausgewogenheit des Grundrisses sichtbar wird. Zur Zeit ihrer Vollendung hieß sie ,,Festung Spandau". Erst mit der Einbeziehung in den ab 1626 errichteten Festungsgürtel der Stadt, wurde sie zur Citadelle (festester Punkt innerhalb eines Verteidigungssystems). Die Festung entspricht einem Idealplan, für dessen Verwirklichung man die Landschaft veränderte. Der Grundriß setzt sich aus einem inneren Kurtinen-Viereck von 208 x 196 Meter zusammen. An den Ecken sind Bastionen vorgelagert. Die Abmessungen von Bastionsspitze zu Bastionsspitze betragen 307:301 Meter. Ursprünglich war es möglich, auf Kurtinen und Bastionen die gesamte Festung ohne Unterbrechung zu umgehen. Die Umbauung des Hofes mit Magazin- und Kasernengebäuden ist charakteristisch für Festungen dieser Art. Die einheitliche Umbauung wird in der Südwestecke, in der Palas und Juliusturm stehen, (Bauwerke der ehemaligen Burg), unterbrochen.

Der Hauptgraben, der sogenannte Zitadellengraben, umfließt die Zitadelle. Ihm ist das Glacis (heute Zitadellenpark) mit dem 1704 errichteten Ravelin Schweinekopf als zusätzliche Verteidigungsanlage vorgelagert. Eine weitere Sicherung bildete im Süden der parallel zur ehemaligen Landstraße verlaufende Vorgraben. Die Festung sollte in erster Linie militärische Aufgaben erfüllen, aber auch bei Gefahr als Zufluchtsort sowie als Staatsgefängnis dienen.

Knüttelkrieg auf der Krienicke

Blicken wir auf einige geschichtliche Ereignisse der Zitadelle zurück. Da ist von einer merkwürdigen Begebenheit zu berichten, die als Knüttel- oder Knüppelkrieg in die Geschichte eingegangen ist. Am frühen Morgen des 8. August 1567 mußten sich der Spandauer Bürgermeister Bartholomäus Bier und die Spandauer Bürger auf Befehl des Kurfürsten Joachim II. auf die im Bau befindliche Festung begeben. Hier angekommen, erhielten sie Brustpanzer und Knüppel oder Spieße und es wurde ihnen eröffnet, daß sie sich auf dem Gewässer nördlich der Festung, Krienicke genannt, mit den Berlinern eine Seeschlacht liefern sollten. Unter Kanonendonner und Trompetengeschmetter begann der Kampf zu dem keine der Parteien rechte Lust zeigte. Das ärgerte den Kurfürsten, er ließ den Kampf abbrechen und auf dem Land fortsetzen. Um die Kämpfenden anzufeuern, ritt er unter die Streitenden. „Bestimmt ohne Absicht" erhielt sein Pferd von den Kämpfenden einige Schläge, sodaß es seinen Reiter fast abgeworfen hätte. Da die Spandauer zahlenmäßig unterlegen waren, versuchten sie den Berlinern in den Rücken zu fallen. Das hatte den gewünschten Erfolg. Die Berliner suchten ihr Heil in der Flucht. Daß die Spandauer die Staakener zur Verstärkung geholt haben sollen, wie Theodor Fontane in seinen Wanderungen berichtet, ist dichterische Freiheit und geschichtlich nicht belegt.

Die Bevölkerung hatte selbstverständlich die Stadt verlassen, um dem Schauspiel beizuwohnen. Das nutzte der Kurfürst für seine Zwecke. Er ließ von der anderen Seite der Festung, von der Bastion König aus, den etwa 500 Meter entfernten Turm der Nikolaikirche beschießen. In dem Turm sah der Kurfürst eine Gefahr für seine Festung. Hätte ein Gegner Spandau besetzt, hätte er vom Turm einen idealen Einblick in die Festung gehabt und sie mit einer Kanone beschießen können. Bei dem Beschuß wurde der Turm nur leicht beschädigt. Es ist unbekannt, ob die Schützen so schlecht waren oder bewußt vorbeischossen.

Die Beschießung des Turmes der Nikolaikirche ist des öfteren angezweifelt worden. Im Kirchenrechnungsbuch haben wir jedoch einen guten Zeugen. Dort lesen wir, wie hoch die Aufwendungen zur Beseitigung der Schäden waren, die „Churf. Gnaden mit schissen in das Dach der kirchen" verursacht hatte, und daß die Reparaturen 11 Tage dauerten.

Als Folge der schwankenden Politik des Kurfürsten Georg Wilhelm zur Zeit des Dreißigjährigen Krieges, griff das Kriegsgeschehen auf die Mark Brandenburg über. So waren 1628 und 1630 kaiserliche, 1631 schwedische Truppen in Spandau. Gustav Adolf, der das eingeschlossene Magdeburg entsetzen wollte, verlangte die Festung Spandau als rückwärtigen Stützpunkt. Als der Kurfürst sich nicht zur Übergabe bereit erklärte, rückte das schwedische Heer auf Berlin zu. Daraufhin kam es zu einem Vertrag und am 6. Mai 1631 besetzten schwedische Truppen Stadt und Festung Spandau. Die Schweden verstärkten die Festung, indem sie neue Schanzen erbauten. Nachdem Magdeburg gefallen war, verließen sie nach Aufforderung des Kurfürsten am 9. Juni 1631 die Havelstadt, um sie am 12. Juni erneut zu besetzen.

1626 wurde die Stadt Spandau zur Festung um- und ausgebaut. Gleichzeitig erfolgte eine Modernisierung der Zitadelle. Nachdem 1636 der Statthalter der Mark Brandenburg, Graf Adam zu Schwarzenberg, mit der Kriegskanzlei in die Zitadelle umgesiedelt war, forcierte man die Arbeiten. Die Anlage eines Festungsgürtels um die Stadt und die später angesiedelte Rüstungsindustrie wirkten sich auf die städtebauliche Entwicklung bis nach 1900 äußerst hemmend aus. Für die Stadt entstanden zusätzliche Belastungen durch Einquartierungen und Stellung von Arbeitern für den Festungs- und Zitadellenbau. Als 1641 schwedische Truppen erneut Berlin bedrohten, floh der Hof in die Zitadelle. Schwarzenberg erkrankte und starb am 4. März 1641 auf der Festung.

Wie wir hörten, betrug die Arbeitszeit zur Zeit Lynars 14 Stunden. Die Arbeiter hatten einen Helfer, der die Zeit bis auf 9 oder 10 Stunden verkürzte. Es war Küster Schwarz der Nikolaikirche. Man richtete sich bei der Arbeitszeiteinteilung auf der Zitadelle nach der Kirchturmuhr. Der Küster stellte die Uhr aber so vor, ,,daß er aus Morgen Mittag und aus Mittag Abend mache'', ,,wodurch der Bau merklich gehindert und auf soviel Leut das Lohn voll, doch unverdient, dem Churfürsten zum Schaden gezahlet würde''. Der Kommandant von Ribbeck rächte sich auf seine Weise. Er schaffte eine Uhr an und ließ durch den Bauschreiber Steinhäuser eine 4½ Zentner schwere Glocke der Moritzkirche auf die Festung bringen. Er gab dafür zwei Glocken, die aber nur 1 Zentner 49 Pfund wogen. Somit hatte die Kirche durch die Differenz des Metalls einen Verlust von 97 Talern, 17 Groschen. Der Kommandant hatte nun eine große weithin tönende Glocke, die er bei Beginn und Ende der Arbeitszeit und bei den Pausen läuten ließ. Unregelmäßigkeiten bei den Arbeitszeiten waren so nicht mehr möglich.

Im Juni 1675 zeigten sich schwedische Truppen vor der Zitadelle. sie wurden von den Wällen und Bastionen unter Beschuß genommen, griffen daraufhin nicht an und zogen weiter.

Unter den preußischen Königen

Nach der Krönung Friedrich III. zum ersten preußischen König Friedrich I., benannte man die Bastionen um; die Bastion Kurfürst Joachim hieß fortan *König,* Kurfürstin Hedwig *Königin* und Kurprinz Johann *Kronprinz.*

Zur Zeit König Friedrich II. (des Großen), wurde die Zitadelle am 8. August 1745 armiert. Das Archiv und die kgl. Akten kamen aus Berlin in die Festung. Im Dritten Schlesischen- oder Siebenjährigen Krieg erfüllte die Zitadelle die Funktion, die ihr zugedacht war. Sie diente als Zufluchtsort für den Hof, die Regierung und die Staatsakten. Als im Oktober 1757 die österreichischen Truppen unter Feldmarschall-Leutnant Hadik vor Berlin standen, begab sich am 15. Oktober der gesamte Hof mit den Staatskassen, dem königlichen Silber und geheimen Staatsakten nach Spandau. Die Staatsminister nahmen in der Stadt Wohnung, und auf der Zitadelle, weitaus unbequemer, die Königin, der Thronfolger Friedrich Wilhelm (Neffe Friedrich II. und späterer König Friedrich Wilhelm II.), die Markgräfin von Bayreuth und die jüngste Schwester des Königs, Amalia sowie der Baron von Pöllnitz.

Von der Prinzessin Amalia besitzen wir einen ausführlichen Bericht, der uns einen Einblick über den Aufenthalt gewährt: ,,Welch ein jäher Wechsel war es! Aus dem Behagen des Königsschlosses plötzlich Hals über Kopf, von Gefahren rings umdroht, fortgeführt in die in keiner Weise für so hohen Besuch eingerichtete und vorbereitete Festungszitadelle! Von allen Missetätern und Staatsgefangenen sind wir umringt, das ist unsre Leibwache''. Es sei eine Kälte zum Umkommen, weder Tisch noch Stuhl zu haben, ja nicht ein Bissen Brot. Die Nacht mußte sie in einem Zimmer verbringen, das einen Durchgang bildete. ,,Ich habe Stroh ausbreiten lassen, worauf meine Wagenkissen gelegt wurden''. Noch acht ,,weitere Weibsen'' schliefen im Zimmer. Es gab kein Licht und ,,keinen Hafer für die armen Pferde''. Als der Festungskommandant erschien, erklärte er den Damen, daß der Raum nicht geheizt werden dürfe, da in Räumen über ihnen Pulver eingelagert sei. Dort oben schliefen auf einen Strohlager die Zofen. Selbst die Königin schlief in einem Zimmer mit vier Betten, das aber beheizt werden durfte. Baron Pöllnitz äußerte sich folgendermaßen zu der Situation: ,,Unsere Körper befinden sich in Sicherheit, ebenso unsere Schätze, die allerdings recht winzig sind''. Bei dem überhasteten Umzug von Berlin nach Spandau hatte man das Geld in Berlin vergessen, das dann heimlich aus der Residenz nach Spandau geholt wurde. Zeitvertreib boten Spiele und Spaziergänge auf den Wällen. Hier beobachtete man die gefangenen Panduren oder Kroaten. Die Prinzessin Amalia berichtete dazu, daß sich einer dieser ,,Halbwilden'' in ,,einem gar zu sehr der Natur nahekommenden Aufzuge'' präsentierte. Sie flüchtete und sei froh gewesen, kurzsichtig zu sein, denn so hätte sie ihre Ehrbarkeit gerettet.

Als preußische Truppen zum Entsatz Berlins nahten, verließen die Österreicher am 18. Oktober die Stadt, und der Hof kehrte noch am Abend des gleichen Tages nach Berlin zurück. Nach der Abreise des Hofes brach im Zimmer der Königin durch das Überheizen des

Ofens Feuer aus. Obwohl der Kommandant v. Kleist sich wahrlich nicht gastfreundlich gezeigt hatte, wurde er einige Zeit später befördert.

1760 besetzten am 3. Oktober russische Truppen unter General Totleben, zu denen später auch österreichische Truppen stießen, Berlin. Der Hof war diesmal in die größere Festung Madgeburg gezogen. In die Zitadelle kam das von Andreas Schlüter geschaffene Denkmal König Friedrich I. Als Kosaken vor der Zitadelle erschienen, wurden sie durch Kanonenschüsse vertrieben.

Napoleon in der Zitadelle

Nach der Niederlage der preußischen Armee am 14. Oktober 1806 bei Jena und Auerstedt durch die Truppen Napoleons, begann man die stark verfallene Zitadelle zu restaurieren. Das ging jedoch nicht so schnell, es gab erst einmal eine öffentliche Ausschreibung und am 23. Oktober trafen die ersten Arbeiter aus der Umgebung in Spandau ein. Am gleichen Tag fertigte man aus 142 Zentnern Pulver für jedes Gewehr 60 Patronen und 2471 Kartuschen für die Geschütze. Aus der Stadt holte man 50 Tonnen Trinkwasser, da die Brunnen der Zitadelle kein genießbares Wasser führten. Der Magistrat besorgte für 14 Tage Proviant. Der Kommandant meldete dem König, daß die Zitadelle gegen einen Handstreich gesichert sei, und er wolle, so er keinen anderen Befehl erhalte, dem Feind nur die Trümmer der Festung überlassen. Nachdem die Franzosen die Elbe überschritten hatten, gab der Kommandant von Beneckendorff am 22. Oktober die Stadt Spandau auf und zog sich mit etwa 900 Mann in die Zitadelle zurück. Am 24. Oktober besetzten französische Truppen Berlin und am Nachmittag erschienen die ersten Reiter vor Spandau. Ein Parlamentär wurde abgewiesen, da preußische Husaren erschienen. Am 25. besetzten die Truppen Spandau. Die Franzosen verhandelten mit dem Kommandanten wegen der Übergabe der Zitadelle. Beneckendorff lehnte ab. Daraufhin begannen die Franzosen in und vor der Stadt Kanonenbatterien aufzustellen. Bei der Bevölkerung wurden alle Leitern, die man für einen Sturm der Zitadellenmauern benötigte, requiriert. Die Preußen störten die Franzosen in keiner Weise bei den Belagerungsvorbereitungen, so daß es ihnen gelang, den verfallenen Ravelin Schweinekopf einzunehmen. Als junge Offiziere um Schießerlaubnis nachsuchten, wurden ihnen Strafen angedroht. Nachdem zum vierten Mal ein Parlamentär in die Zitadelle gekommen war, willigte der Kommandant in die Kapitulation ein, ohne daß ein Schuß gefallen war. Er vertrat die Ansicht, daß die Zitadelle, durch Nutzung als Staatsgefängnis arg vernachlässigt, nicht zu verteidigen gewesen wäre. Noch vor der Unterzeichnung der Kapitulation, besetzten französische Truppen die Zitadelle. Die Besatzung wurde gefangengenommen, die Offiziere auf Ehrenwort entlassen. Am 8. Januar 1809 wurde Major von Beneckendorff verhaftet und als Staatsgefangener auf die Zitadelle gebracht. Ein Kriegsgericht hatte ihn am 9. Dezember 1808 zum Tod durch Arkebusieren (Erschießen) verurteilt. Auch die Offiziere, die die Zitadelle den Franzosen kampflos übergeben hatten, erhielten in Spandau Festungshaft. König Friedrich Wilhelm III. begnadigte von Beneckendorff am 19. Juli 1814.

Am 26. Oktober 1806 besichtigte Kaiser Napoleon die Zitadelle und ordnete die sofortige Wiederherstellung der Festung an. Jede Spandauer Familie mußte einen Arbeiter zu Schanzarbeiten stellen. Nach den Vereinbarungen des Tilsiter Friedens hatten die Franzosen Spandau zu räumen. Sie wollten jedoch vorher die Zitadelle sprengen. Die vier Bastionen und die Lünette vor dem Oranienburger Tor hatten bereits Pulverschächte erhalten. Im letzten Augenblick wurde das Vorgehen bemerkt, nach Berlin gemeldet und als dem Friedensvertrag nicht entsprechend unterbunden.

Am 12. 4. 1809 veröffentlichte der König einen Erlaß, der besagte, daß die Festungen in Preußen wiederhergestellt werden sollten. Man begann noch im gleichen Jahr mit den Arbeiten an der Zitadelle. Wie erwähnt, wurden die verschütteten Kasematten der Bastionen König und Königin freigelegt und 1812 die Schießscharten in den zurückgezogenen Flanken verkleinert. Nach Abschluß des Bündnisses zwischen Preußen und Frankreich erhielt die Zitadelle nach dem Rückzug Napoleons aus Rußland 1813 wieder französische Besatzung, d. h., es befanden sich preußische und französische Truppen in der Festung (80 Preußen und 530 Franzosen). Als am 20. Februar 1813 Kosaken vor Spandau erschienen, erklärten die Franzosen über Spandau den Belagerungszustand. In der Nacht vom 2. zum 3. März hatten russische Truppen Spandau eingeschlossen. Die Besatzung betrug jetzt in der Stadt sowie der Zitadelle 3000 Mann und 115 Geschütze. Um freies Schußfeld zu haben, ließen die Franzosen am 4. März die Häuser vor dem Stresow (Stadtteil südlich der Altstadt) sowie Teile der Potsdamer und Oranienburger Vorstadt niederbrennen. Am 11. März verließ das preußische Kommando von 80 Mann unter Trommelschlag die Zitadelle. Sie nahmen die Gefangenen, 21 Staats-, 9 Bau- und 61 Militärgefangene, mit. Die Franzosen ließen vor der Zitadelle neue Befestigungswerke anlegen. Unterdessen hatte der russische General Graf Wittgenstein Geschütze um Spandau aufstellen lassen. Am 31. März wies der französische Gouverneur den Spandauer Magistrat auf den Kriegszustand zwischen Preußen und Frankreich hin und beschlagnahmte die Staatskassen. In der Akzisekasse befanden sich allerdings nur 41 Taler und 15 Groschen.

Die Preußen vor der Zitadelle

Am gleichen Tag war General Bülow mit einer Division in Berlin eingerückt. Er hatte Befehl erhalten, die Russen bei der Belagerung Spandaus abzulösen. Er bestimmte hierzu eine Brigade seiner Division unter der Leitung General von Thümens, der 1808-1812 Gouverneur in Spandau war und die Gegend gut kannte. Thümen nahm sein Hauptquartier in Charlottenburg und sandte einen Parlamentär an den französischen General Bruny, um ihn zur Übergabe aufzufordern. Allerdings ohne Erfolg. In der Nacht vom 9. zum 10. April nahmen die Preußen von Ruhleben aus die Zitadelle erstmals unter Beschuß. Am 10. April leitete der französische Gouverneur Verhandlungen ein, durch die er den Beschuß der Stadt verhindern wollte. General Wittgenstein lehnte ab. Am Morgen des 18. April beschossen alle Batterien die Zitadelle. Da es den Franzosen nicht mehr gelungen war, die Dächer der Häuser mit bombensicheren Erdbedeckungen zu versehen, brach an verschiedenen Stellen Feuer aus. Gegen 10 Uhr stieg Rauch aus dem Juliusturm auf, kurze Zeit später Flammen, die die auf dem Turm wehende dreifarbige Fahne verbrannten. Kurz nach 13 Uhr gab es eine bis nach Berlin zu hörende Detonation. Ein riesiger Rauchpilz stand über der Zitadelle. Mauerwerk, Erdreich und Kugeln flogen durch die Luft, teilweise bis zum heutigen Reformationsplatz. In der Bastion Königin war das Pulvermagazin explodiert. Über diesen Vorgang gibt es zwei unterschiedliche Versionen. Die preußische Seite behauptete, der Bombardier, Peter Schulze von der Haubitz-Batterie Baumgarten, die etwa an der Stelle Ruhlebener- Ecke Teltower Straße gestanden hatte, hätte mit einer Granate die Bastion getroffen. Im französischen Bericht wird ,,Die Explosion des Pulvermagazins der Festung Spandau" anders dargestellt. Dort heißt es, daß viele Vorräte in die Zitadelle gebracht worden seien. Die Kasematten wären jedoch nicht ausreichend gewesen, daher hätte man weitere Vorräte in nicht bombensicheren Magazinen untergebracht. Hier sei das Feuer eingedrungen und habe sich bis zu dem Pulvermagazin durchgefressen. Jeder Löschversuch mit ,,Armkraft und den Löschpumpen" war vergeblich. Hinzu kam, daß ein starker Wind den Qualm in die Gänge drückte und die Löscharbeiten behinderte. In der Bastion Königin gab es wie in der Bastion König einen ,,Schwarzen Gang", der mit Mehltonnen verstellt war. Die Flammen drangen durch diesen Gang, ergriffen die bombensicheren Holzeindeckungen, die man zum Schutz der Mehltonnen angelegt hatte und entzündeten gegen Mittag das am Ende des Ganges gelegene Pulvermagazin. Die Bastion stürzte in sich zusammen. Aus dem französischen Bericht über die Explosion wissen wir, daß sich in den von den Preußen als Mehltonnen deklarierten Tonnen teilweise Pulver befand.
Da die Preußen dachten, die Spreeschanze sei in die Luft geflogen, versuchten sie nicht die Zitadelle zu stür-

men. Am nächsten Tag beschossen die Preußen erneut die Festung. Erst jetzt bemerkten sie die Zerstörungen an der Bastion Königin und forderten die Franzosen zur Übergabe auf. Da das abgelehnt wurde, beschloß man, die Zitadelle zu stürmen. Aber der Sturm schlug fehl, die Kähne mit den Scharfschützen kamen zu spät am Einschiffungsplatz an, die Scharfschützen gerieten in den Morast, wurden vom Gegner entdeckt und beschossen. Beim Beschuß der Mühle geriet die Stadt in Brand. Am Morgen des 20. April zeigten die Franzosen durch weiße Tücher ihre Verhandlungsbereitschaft. Der Adjudant General Brunys erschien mit einem Trompeter und forderte: freien Abzug der Garnison mit Gewehr, Geschütz und Gepäck. Die Antwort der Preußen war knapp und eindeutig. Sollten die Franzosen sich nicht ergeben, werde die Stadt in Brand gesteckt, im Sturm genommen und die Franzosen müßten ,,über die Klinge springen''. Hierauf entgegneten die Franzosen, daß sie sich bis zum letzten Mann verteidigen würden. So begann preußischerseits der Beschuß der Stadt, in der bald der Behnitz, Teile der Breite Straße und der Havelstraße in Flammen standen.

Die Feuer konnten nur schwer unter Kontrolle gebracht werden, da die Franzosen Löscheimer und Pumpen mit in die Festung genommen hatten. Am 21. April kam ein Waffenstillstandsabkommen zustande und der Spandauer Bürgermeister erhielt vom französischen Gouverneur ein Schreiben, in dem er die unnütze Zerstörung der Häuser bedauerte. Für die Bevölkerung stellte er 40 Tonnen Mehl und 40 Faß Pökelfleisch aus den Festungsmagazinen zur Verfügung. Am 24. April fand die Ratifizierung der Kapitulation statt. Die ersten preußischen Truppen kamen am 26. April nach Spandau und am 27. April verließen die Franzosen in Stärke von 244 Offizieren und 2985 Mann ohne Bajonett die Stadt.

Nach der Belagerung

Obwohl das Wetter regnerisch war, hatten die Berliner die Belagerung Spandaus miterlebt. Sie kamen in großen Scharen mit Pferd und Wagen und hatten sich warme Sachen und Verpflegung mitgebracht. Sie wollten sogar in die Laufgräben bei Ruhleben steigen, was die Preußen nur mit Gewalt verhindern konnten. Um gefundene Kanonenkugeln, begehrte Trophäen, gab es großen Streit! Nach dem Abzug der Franzosen wollte natürlich jeder die Zitadelle besichtigen. Man gestattete dieses gegen ein Entgelt. Das Militärgouvernement hatte bestimmt, daß für die Besichtigung der Stadt 2 Groschen, für die Besichtigung der Zitadelle 4 Groschen Courant zu entrichten seien. Der Erlös, 4335 Taler, 10 Groschen und 3 Pfennige, wurden zum Wiederaufbau der Häuser an die Bevölkerung verteilt. Der Berliner Ernst Litfaß gab ein Flugblatt heraus, das lautete: ,,Gelobet sey Gott, Spandau ist wieder unser''.

Die Beschädigungen an der Zitadelle waren erheblich. Die Bastion Königin und das vor der Südkurtine stehende Zeughaus waren zerstört. Die Südwand des Zeughauses konnte 1971 freigelegt werden. Sie wird als Relikt der Bauzeit 1560-1594 restauriert. Das Torhaus war teilweise beschädigt, der Juliusturm ausgebrannt. Die Bastionen König und Brandenburg sowie das Magazin vor der Ostkurtine mehr oder minder stark beschädigt. Als erstes sicherte man die Bastion Königin durch Schanzkörbe. Nach und nach begann man mit der Überarbeitung aller Gebäude. Der Beginn der Restaurierung und Modernisierung erfolgte erst 1821 und dauerte bis etwa 1842. Nachdem man durch direkten Beschuß die Haltbarkeit des Restmauerwerks überprüft hatte, erfolgte der Wiederaufbau der Bastion Königin von 1832 bis 1842. Die Bastion erhielt nur eine Verteidigungsgalerie. Als Zugang zu den Kasematten entstand die dreiteilige Bogenarchitektur, deren mittlerer Bogen die Zufahrt zu den Verteidigungsstellungen auf der Bastion bildete. Das Gußeiserne Geländer der Schinkelzeit ist 1976 durch einen Nachguß ersetzt worden.

Die nach 1813 erbauten oder architektonisch veränderten Gebäude prägen heute das Aussehen der Festung. Sie sind im einfachen Stil des Klassizismus, der den Formen der Renaissance entgegenkommt, errichtet. Als Ersatz für das zerstörte Zeughaus vor der Südkurtine, wurde 1856-1858 nach Entwurf des Geheimen Baurates Busse das neue Zeughaus errichtet. Der Bau ist in seiner architektonischen Durchformung ein typischer Bau in der Nachfolge Schinkels. Er besticht durch seine einfache Gestaltung, die durch die Zweifarbigkeit der Ziegel betont wird. Im Erdgeschoß standen ursprünglich Kanonen, im Obergeschoß Gewehre.

Der Reichskriegsschatz im Juliusturm

Nach Beendigung des Krieges 1870-1871 sollte ein Reichskriegsschatz angelegt werden. Es handelte sich um die Wiedereinführung des unter König Friedrich Wilhelm I. eingerichteten preußischen Staatsschatzes. Aus der französischen Reparationszahlung in Höhe von 5 Milliarden Mark, sollten 120 Millionen als Rücklage für den Staat aufbewahrt werden. 1874 bestimmte der Reichsschatzsekretär Delbrück den Juliusturm, der bereits 1650 als Depot des kurfürstlichen Silberschatzes diente, aus folgenden Gründen als Aufbewahrungsort; erstens: die Nähe Berlins, zweitens: der gut zu bewachende Standort, drittens: laut Reichsfestungsgesetz vom 30. Mai 1873 war Spandau wegen der angesiedelten Rüstungsindustrie in die Reihe der Festungen aufgenommen worden, die ausgebaut werden sollten. So entstand von 1876-1879 eine Umwallung vor der heutigen Neustadt. Spandau bildete jetzt mit den bereits 1866 erbauten Ruhlebener- und Teltower Schanzen, mit Bastionen, Wällen und Gräben in Haselhorst an der Daumstraße und im Süden am Stresow eine große Festung in neupreußischer Festungsmanier, deren Mittelpunkt die Zitadelle war.

Zur Sicherung der Zitadelle waren zahlreiche Umbaumaßnahmen erforderlich. So wurden der Juliusturm durch vier Türen gesichert, die heutige Panzertür stammt aus dem Jahre 1910, die Schießscharten zugemauert, der Ausstieg auf den Turm geschlosen, die Blitzableiter unter Putz gelegt, damit niemand an ihnen hinaufklettern konnte, sämtliche Schießscharten der Festung vergittert und in das Haupttor ein ,,Ein-Mann-Durchlaß'' eingeschnitten. Zwischen Turm und Kommandantenhaus zog man eine Mauer, die nur einen schmalen Durchgang offenließ, der durch einen Wachtposten gesichert wurde. Die Kosten für diese Arbeiten betrugen 4477 Taler, 7 Silbergroschen und 10 Pfennige. Unter militärischer Sicherung kamen am 3. und 10. Juli 1874 die in der Berliner Münze geprägten Goldmünzen in 1200 Kisten verpackt in den Turm. Das Geld sollte ,,nur für Zwecke der Mobilmachung und nur mittels Kaiserlicher Anordnung unter vorgängig oder nachträglich einzuholender Zustimmung des Bundesrates und des Reichstages verfügt werden''. Im Frühjahr und Herbst jeden Jahres fanden Revisionen statt. Darüber berichtet der Anzeiger für das Havelland vom 13. November 1874: ,,Es hat eine Revision stattgefunden durch den Kurator des Kriegsschatzes, Geh. Regierungsrat Michael, Geh. Finazrat Heim und Direktor Hagen. In zwei übereinanderliegenden Etagen sind die blanken Münzen in Zwanzig- und Zehn-Mark-Stücken aufgespeichert, und zwar haben in dem oberen Stockwerk 75 Millionen, in dem unteren 45 Millionen Platz gefunden. Je eine Million Taler bilden einen Rayon für sich, der wiederum in zehn Unterabteilungen zerfällt, deren jede 300 000 Mark, sorgfältig in Kisten verpackt, enthält. In jedem Kistchen befinden sich je vier Fünftel Zwanzig-Mark-Stücke und je ein Fünftel Zehn-Mark-Stücke.''

Es wurde, wie nicht anders zu erwarten, alles in Ordnung befunden. Am 27. Mai 1919 kam das Geld in die Reichsbank nach Berlin, um als Reparationszahlung an die Siegermächte des Ersten Weltkrieges weitergegeben zu werden.

Das Gelbe Schloß

Das umstrittenste Gebäude in der Zitadellenforschung ist das sogenannte *Gelbe Schloß,* das südlich der Nordkurtine gestanden haben soll. Nach Vollendung der Zitadelle stand an dieser Stelle ein Magazingebäude, das 1691 bei der Explosion des Kavaliers der Bastion Kronprinz so starke Beschädigungen erhielt, daß man es abriß und an seiner Stelle ein Mehlmagazin aus Fachwerk erbaute. 1811-1812 ist das Gebäude umgestaltet worden, indem man bombensichere Decken, d. h. Balkendecken, auf die man Erde schütten konnte, einzog. Das

Gebäude diente jetzt zur Unterbringung der Mannschaften und erhielt den Namen Kaserne Königshaus. Am 9. März 1859 brannte die Kaserne aus und am 1. Oktober 1861 wurde der heutige Bau bezogen. 1944 ist das Gebäude durch Brandbomben beschädigt worden. Es wurde nach Einzug der Bauschule 1950 in vereinfachten Formen wiederhergestellt.

Mit der Einführung gezogener Geschützrohre, deren Geschosse eine starke Durchschlagskraft besaßen und die zum ersten Mal im Krimkrieg 1854-1856 eingesetzt worden waren, verlor die Zitadelle an militärischer Bedeutung. Die Bausubstanz wurde aber weiterhin erhalten. So erhielten die Bastionen König, Kronprinz und Brandenburg sowie die West- Nord- und Ostkurtine 1881-1885 das heutige Außenmauerwerk vorgeblendet. Die Ziegelsteine lieferten etwa 30 Ziegeleien, vornehmlich aus Rathenow.

Die Festung im 20. Jahrhundert

Durch kaiserliche Kabinettsorder vom 27. 1. 1903 wurde die Entfestigung der Stadt ausgesprochen. Von der Schleifung der Festungswerke blieben die Zitadelle und das 1882-1886 erbaute Fort Hahneberg verschont.

Mit der Einführung der allgemeinen Wehrpflicht am 16. November 1935 wurde Spandau wieder Militärstadt und im gleichen Jahr begann die Einrichtung eines Heeresgasschutzlaboratoriums auf der Zitadelle. Durch Um- und Neubauten wurde viel vom alten baulichen Bestand zerstört. Am größten waren die Eingriffe am Palas und den Bastionen Brandenburg und Königin. Der Palas wurde zum Offizierskasino, deshalb die Geschoßeinteilung verändert, größere Fenster eingebrochen, die Portalgestaltung an der Nordseite geschaffen und an der Südseite ein 1972 wieder entfernter Treppenturm angebaut. Vor der Westkurtine entstand das noch vorhandene Gebäude, während auf der Bastion Brandenburg, an Stelle des Kanonenturmes und der Verteidigungsstellungen, zwei Gebäude für das Laboratorium errichtet wurden. 1942 veränderte man den Aufbau der Bastion Königin durch ein quergestelltes Gebäude. Der Umgang auf den Kurtinen erhielt eine empfindliche Störung durch die Abtragung eines Teiles des östlichen Kurtinenwalles zur Anlage eines Hofes. 1942 kam eine Luftschutzzentrale in den Juliusturm und während des Zweiten Weltkrieges diente die untere Verteidigungsgalerie der Bastion König als Luftschutzkeller.

Zur Zeit des Heeresgasschutzlaboratoriums war die Zitadelle Geheimobjekt. Nur Personen mit Sonderausweisen des Heereswaffenamtes war der Zugang gestattet. Am Gittertor auf dem Zufahrtsdamm fand die erste Kontrolle statt, die zweite am Eingang, die dritte im Durchgang des Torhauses. Die Häuser waren mit großen weißen Buchstaben gekennzeichnet, F = Forschung, L = Labor. Auf der Bastion Brandenburg wurden Versuche an weißen Mäusen, Hühnern, Kaninchen, Katzen, Ziegen und Pferden unternommen. Auf der Nordkurtine erprobte man durch Schießversuche Gasgranaten. Militär- und Zivilpersonen, die im Laboratorium beschäftigt waren, waren durch Eid, unter Androhung strengster Strafe, zum Schweigen über ihre Arbeit verpflichtet. Ab Herbst 1944 begann die Verlagerung der Forschungsstelle nach Munsterlager.

Am 27. April 1945 wurde die Spandauer Altstadt von sowjetischen Truppen besetzt. Die Besatzung der Zitadelle hatte den Eingang des Torhauses bis auf einen schmalen Durchgang, der schnell zu verschütten war, mit Feldsteinen, Mauersteinen und Schutt bis unter die Decke versperrt. Auf der Bastion König und im Torhaus befand sich eine Volkssturmabteilung von 30 Mann unter der Leitung eines jungen beinverletzten SS-Offiziers. Nach zweitägiger Belagerung durch sowjetische Truppen zeigte sich ein sowjetischer Offizier mit weißer Fahne als Parlamentär vor dem Tor. Er mußte über eine Strickleiter die Bastionsmauer erklettern. Für eine Antwort auf die Kapitulationsforderung erbat sich der Kommandant eine dreitägige Bedenkzeit. Als diese Zeit verstrichen war, erschienen drei sowjetische Offiziere vor dem Tor. Die Besatzung hatte sich zur Kapitulation entschlossen und mußte als erstes die Einfahrt räumen, damit Panzer und Fahrzeuge in den Hof fahren konnten. Danach begannen Verhöre, bis die Offiziere in Gefangenschaft transportiert, Zivilisten und Volkssturmleute jedoch entlassen wurden. Die sowjetische Besatzung blieb bis zum Juli 1945, dann zogen britische Truppen in den historischen Festungsbau. Die Briten übergaben im Oktober 1948 die Zitadelle wieder deutschen Behörden.

Die Zitadelle als Gefängnis

Burg und Zitadelle Spandau dienten bis 1879 als Gefängnis. Zur Zitadellenzeit unterschied man zwischen Staatsgefangenen, Verbrechern und Militärarrestanten. Über das Leben der Gefangenen und ihren Aufenthaltsort in der Zitadelle ist bis auf das Tagebuch des Regierungsrates Neumann wenig überliefert. Die Staatsgefangenen konnten sich relativ frei in der Zitadelle bewegen, sie und einsitzende Offiziere mußten sich Lebensmittel und Bekleidung in Berlin oder Spandau kaufen lassen. Die kriminellen Gefangenen erhielten täglich zwei Pfund Brot und Wasser und einmal im Jahr einen Kittel, Hosen, Strümpfe und Schuhe. Bei schweren Straftaten waren sie an Ketten gefesselt, an denen sich eine Kugel befand. Für Arbeiten im Zitadellengelände fuhren sie die Kugeln auf Schubkarren vor sich her.

Aus dem Jahre 1365 wissen wir, daß Markgraf Otto verschuldet war und Lösegeld für einen in Spandau einsitzenden Gefangenen fordern wollte. Einer der bekanntesten Gefangenen, der in der Hofburg untergebracht war, war der Raubritter Dietrich von Quitzow. Er wurde bei einem Raubzug auf das Dorf Tremmen von Johann von Mecklenburg, unter Beteiligung einer Mannschaft Spandauer Bürger, gefangengenommen. Allgemeiner Jubel empfing die Heimkehrenden in Spandau. Daß der Raubritter im Juliusturm gesessen haben soll, wie immer wieder berichtet wird, ist in keiner Weise zu belegen. Bereits am 25. November kam Markgraf Jobst nach Spandau, um von Quitzow gegen ein Lösegeld von 1000 Schock böhmischer Groschen freizukaufen.

Am 3. 1. 1571 wurde eine schöne Frau inhaftiert. Es war Anna Sydow, die schöne Gießerin, wie man sie nach dem Beruf ihres Mannes nannte. Sie war die Geliebte Kurfürst Joachim II., auf den sie bald einen großen Einfluß ausübte und der sie mit Geschenken verwöhnte. Obwohl der Kurprinz, der spätere Kurfürst Johann Georg 1561 einen Schutzbrief für Anna und ihre Kinder unterschrieb, ließ er die Frau kurz nach dem Tod seines Vaters verhaften und auf die Festung Spandau bringen. Hier starb sie am 16. 11. 1575. Aber Anna rächte sich. Sie ist eine der Ursprungsgestalten, die der Sage nach als „Weiße Frauen" durch die preußischen Königsschlösser spuken. So soll sie bekanntlich im Jagdschloß Grunewald eingemauert worden sein. Als Kurfürst Johann Georg starb, erschien ihm als (Rache-)Geist die schöne Gießerin als „Weiße Frau".

1639 flüchtete Hauptmann Georg Lausisky vom Regiment v. Kracht. 1640 wurde er von einem in der Zitadelle tagenden Kriegsgericht in Abwesenheit verurteilt. Die Strafe lautete: 1. Abschlagen der beiden vorderen Finger der rechten Hand, 2. dann Abschlagen der ganzen Hand mit der er den Treueeid geleistet hatte, 3. Herrausreißen der Zunge, 4. wollte man ihn spießen, 5. wurde er für vogelfrei erklärt. Vergleichsweise harmlos erging es einem Joachim v. Burgsdorf, der in Müllrose einen Menschen erschlagen hatte und von 1655-1656 in Spandau saß. Gegen eine Kaution von 1000 Talern erhielt er seine Freiheit wieder.

1697 und 1698 kamen zwei bekannte Persönlichkeiten als Staatsgefangene in die Festung. Es waren der Staatsminister Eberhard von Danckelmann und Benjamin Raulé. Danckelmann hatte zehn Jahre unter Kurfürst Friedrich III. die Staatsfinanzen geführt. Nachdem die gegen ihn gerichteten Intrigen und die Gegnerschaft der Kurfürstin Sophie Charlotte immer stärker wurden, trat er zurück. Daraufhin verhaftete Generalmajor von Tetten ihn in Neustadt an der Dosse und brachte ihn in die Zitadelle. Danckelmann widersetzte sich standhaft den Anschuldigungen, den Verfall der Staatsfinanzen verschuldet zu haben. Im März 1699 kam er nach Peitz. Da ihm keine Verfehlungen nachzuweisen waren, mußte man ihm 1702 einige Freiheiten zugestehen. Eine endgültige Begnadigung erfolgte erst durch König Friedrich Wilhelm I.

Die zweite Persönlichkeit war Benjamin Raulé. Dem Generaldirektor der Marine, der die brandenburgischen

Kolonien an der Goldküste gründete, wurde Vergeudung von Staatsgeldern, Bereicherung und andere Straftaten vorgeworfen. Von 1697-1702 saß er als Untersuchungsgefangener in Spandau. Dann mußte man ihn freilassen. Er starb am 16. 5. 1707 in Hamburg.
Nie bekannt geworden ist der Grund, weshalb 1746 der Königl. Geh. Rat und Gesandte bei der Stadt Danzig, Ferber, in die Zitadelle kam. Er soll ein Majestätsverbrechen begangen haben. Am 22. Oktober wurde er auf dem Spandauer Markt enthauptet und der Kopf, wie damals üblich, auf einer eisernen Stange zur Schau gestellt.
1763, während des Siebenjährigen Krieges, kam der Kammerdiener Friedrich des Großen für 23 Jahre in die Festung. Er hatte versucht, den König zu vergiften. Seine Zelle soll ohne Tageslicht gewesen sein. Der Bau, in dem sie sich befand, war 1823 nicht mehr vorhanden.
Bekannt ist die Inhaftierung der fünf Regierungs- und Kammergerichtsräte Friedel, Graun, Bandel, Neumann und Busch sowie des Advokaten Schlecker. Sie hatten nach Ansicht Friedrich II. in dem allgemeines Aufsehen erregenden Müller-Arnold-Prozeß ein falsches Urteil gefällt, indem sie den Wassermüller Arnold benachteiligt hatten. Am 7. Januar 1780 kamen sie in die Zitadelle und hatten, wie aus dem Tagebuch des Regierungsrates Neumann zu ersehen ist, eine teilweise fidele Haft, die aber immer wieder von schwermütigen Stunden unterbrochen wurde. Mit Pedanterie, trocken sachlich und amüsant lesen sich die mitunter in deftiger Sprache geschriebenen Notizen. Gleich zu Anfang beklagt er sich über die Spandauer, ,,daß nicht nur alles übermäßig teuer, und daß die hiesigen Preiße so gar die Berlinsche übersteigen''. Von verschiedenen ,,Wohlthätern'' erhielten sie Geschenke, wie Geld, Möbel, Wein, Rehbraten, Butter, Heringe usw. Beklagt wird das Ungeziefer wie Wanzen und Mäuse. ,,Früh Morgens brachte der hoff Fiscal Schlecker an, daß er in der vergangenen Nacht eine scharfe Attaque von den Mäußen ausstehen müßen, nach eingegangener Nachricht haben die auf den H. F. einen vergeblichen Angriff gethan, und nachdem sie unverrichteter Sache abziehen müßen, haben sie einen Anfall auf seine Peruquen gethan, welche sie aus Rachsucht wegen der mißlungenen Affaire mit allerhand Excrementen beschmutzt, so daß noch den andern tag beym aufsetzen der Peruque viele Mäuße Ketel aus den Locken herausgefallen''. Hofrat Schlecker war beim Kommandanten zum Mittag geladen und ,,charmierte mit der Demoiselle des Commandanten vorm dem Essen, und nachdem er etwas molum geworden: so setzte er außer dem hause noch seine Liebes Avanturen fort und griff sogar der Jungfer in den bußen''. So verheiratet, wurden die Arrestanten von ihren Frauen besucht, so nicht, ,,ist auch das kleine Mädgen, welche sich vor Geld sehen läst, hier gewesen''. Am 5. 9. 1780 sind die Räte und der Advokat Schlecker entlassen worden. Aus der gleichen Zeit erfahren wir, daß der Juliusturm wieder als Gefängnis diente: ,,daselbst liegt man an einer Kette, und bekomt nichts als Brod und einen Eymer Waßer''.
Aus dem Jahre 1809 wissen wir, daß das Festungsgefängnis im Erdgeschoß des Gebäudes vor der Nordkurtine lag. Vor dem Gebäude befand sich 1859 eine eingesäumte Promenade.
Nach den Freiheitskriegen wurde in Berlin wegen demagogischer Umtriebe der später so bekannt gewordene Turnvater Jahn verhaftet. Er verbrachte die Nacht vom 13. zum 14. Juli 1819 in der Zitadelle, dann kam er in die Festung Küstrin und später nach Kolberg.
In den bewegten Revolutionstagen 1848, wurde die Festung Spandau armiert. Am 19. März wurden 495 in Berlin gefangengenommene Revolutionäre in die Kasematten der Bastion Königin eingesperrt. Sie hatten zu Fuß im Eiltempo über Charlottenburg nach Spandau marschieren müssen. Von der Bevölkerung beschimpft, kamen sie gegen 8.30 Uhr in Spandau an. Am gleichen Tag, gegen 18 Uhr, begann die Entlassung, wobei man empfahl, den Weg über Moabit zu wählen.
Auf Befehl des Königs kam am nächsten Tag auf der Flucht aus Berlin der als ,,Kartätschen-Prinz'' verrufene Prinz Wilhelm (später Kaiser Wilhelm I.) als Bauer verkleidet in die Zitadelle. Auf einem Bauernwagen verließ er Spandau um über die Pfaueninsel nach England zu fliehen.
1879 wurden die Gebäude der Militär-Arrestanstalt in

der Neuendorfer Straße und des Festungsgefängnisses in der Wilhelmstraße (späteres Kriegsverbrechergefängnis) vollendet und die Gefangenen aus der Zitadelle dorthin verlegt.

Zu den Fachausdrücken

Akanthus	Schmuckelement aus dem Blatt der Distel stilisiert
Altmark	Westelbisches Gebiet zwischen Ohre und Elbe. Kam 1134 an Albrecht den Bären
Angstloch	Öffnung im Gewölbe über dem Verlies, durch das die Gefangenen abgeseilt und gepflegt wurden
Arkade	Bogen der auf Säulen oder Pfeilern ruht
Armierung	Bewaffnung, in kampffähigen Zustand versetzen
Askanier	Brandenburgisches Herrschergeschlecht. 1137 Belehnung Albrecht von Ballenstedt, genannt der Bär, mit der Nordmark. Ab 1157 Markgraf von Brandenburg. Mit dem Tod Markgraf Woldemars 1319, starb die brandenburgische Linie aus
Basis	der ausladende Fuß einer Säule oder eines Pfeilers
Bastion	Vorspringendes Verteidigungswerk einer Festung
Bergfried	Hauptturm einer Burg. Er diente zur Beobachtung der Umgebung, als letzte Zufluchtsstätte und zur Unterbringung der Gefangenen.
Brustwehr	brusthoher Schutz aus aufgeschütteter Erde oder Mauerwerk zur Deckung der Schützen
Burgwall	Erdbefestigung
Facen	die beiden feindwärts gerichteten Außenseiten oder Verteidigungsfronten einer Bastion, die an der Bastionsspitze zusammenstoßen
Flanken	Teil der Bastion. Den Schulterpunkt der Facen verbinden sie mit dem Hauptwall (Kurtine)
Galerie	Verteidigungsgänge in Festungsanlagen. Sie unterscheiden sich in Dechargen (Bastion König, obere Galerie) und Parallelgalerien (Bastion König, untere Galerie)
Glacis	Vorfeld einer Festung ohne Bepflanzung und Bebauung um freie Sicht und Schußfeld zu haben
Gouverneur	Kommandant einer Festung
Kasematten	schuß- und bombensichere Räume
Kavalier	künstliche Aufschüttung, die in den meisten Fällen als Kanonenturm genutzt wurde
Kietz	Siedlung aus frühdeutscher Zeit im askanischen Einflußbereich. In den meisten Fällen von Fischern bewohnt
Konsole	aus der Mauer vorstehender Stein, der als Stützpunkt für Gesimse, Bögen u.a. dient
Kurtine	aufgeschütteter Hauptwall, der den Festungshof sichert
Laibung	schmale, der Mauernische entsprechende Umfassung der Fensteröffnung
Minengang	in Spandau bombensichere untere Verteidigungsgalerie
Neumark	östlich der Oder gelegener Teil der Mark Brandenburg. kam 1253 an die Askanier
Ochsenauge	rundes oder ovales Fenster, häufig als Blindfenster zur Fassadengestaltung angebracht
Palas	Haupt- Wohngebäude einer mittelalterlichen Burg mit Versammlungs- Speise und Festsaal

Pavillon	viereckiger oder runder Bau freistehend oder Teil eines größeren Gebäudes
Pfeiler	senkrechte Stützen von rechteckigem oder achteckigem Querschnitt
Poterne	bombensicherer, meist geschweifter Gang
Pulverturm	Turm, in den Pulver eingelagert wurde
Ravelin	Außenwerk vor Kurtinen
Regalien	dem Landsherren vorbehaltene Hoheitsrechte
Risalit	ein aus der Fluchtlinie eines Baues in seiner ganzen Höhe vortretendes Gebäudeteil
Rondell	Rundturm
Rustika	Mauerwerk aus Hausteinen oder aus Hausteinimitation, deren Außenseiten grob oder fein bearbeitet sind
Schanzkörbe	Mit Erde gefüllte Körbe zur provisorischen Sicherung, d. h. Verfüllung von Mauerwerk, das durch Beschuß beschädigt wurde
Verließ	untere Etage eines Burgturmes, die der Unterbringung von Gefangenen diente
Wasserburg	im ebenen Gelände liegende Burg, die durch Wassergräben, Flußläufe und Seen geschützt ist
Zitadelle	ital. ,,kleine Stadt''. Fester Punkt, Kernstück einer Festungsanlage

Zeittafel

11.-12. Jh.	Slawische Besiedlung
1197	erste urkundliche Nennung Spandaus
um 1220	Umwandlung der Grenzburg in eine Hofburg
1229	Flucht der Markgrafen Johann I. und Otto III. auf die Spandauer Burg
1234	Herzog Barnim als Gast
1279	Verlobung der Tochter des Markgrafen Otto V. Beatrix mit Bolko I. von Schweidnitz-Jauer
1307	Ausstellung der Urkunde über die Vereinigung der Städte Berlin-Cölln
1317	erste urkundliche Nennung der Burg als ,,castro Spandow''
1317	Nennung einer ,,capelle in castri Spandow''
1349	Landtag
um 1350	Bau des Palas
1356	Verleihung des Turmamtes an den Kammerknecht Fritzel
um 1400	Bezeichnung ,,einen mit dem Julius bestrafen
1441	Nennung des Burgfrieden und Wohnhauses (Juliusturm und Palas)
1448	Prozeß gegen den Berliner Unwillen
1451	Vollendung des Berliner Schlosses. Die Spandauer Burg diente fortan als Witwensitz
1557	Beginn der Vorarbeiten zum Zitadellenbau
1557-62	Christoph Römer, Bauleiter
1559	Landtag auf dem die Baugelder für den Festungsbau bewilligt wurden
1560	Baubeginn
1560	Armierungsentwurf
1562	Franciscus Chiaramella de Gandino, Bauleiter
1567	Knüttelkrieg
1578	Rochus Guerrini Graf zu Lynar, Bauleiter

1580	erste Belegung mit Mannschaften
um 1594	Vollendung des Festungsbaues (Zitadelle)
1618-48	Dreißigjähriger Krieg
um 1620	Umbau des Torhauses
ab 1626	Umbauung der Stadt Spandau mit Wallanlagen. Festung jetzt Zitadelle
1628	Kaiserliche Truppen in Spandau
1630	Kaiserliche Truppen in Spandau
1631	Schwedische Truppen in Spandau
1634	Umbau der Bastion König und Königin
1636	Statthalter Graf Adam zu Schwarzenberg zieht mit der Kriegskanzlei auf die Zitadelle
1675	Schwedische Truppen vor der Zitadelle
um 1680	Wappen am Torhaus
1691	Explosion des Kavaliers der Bastion Kronprinz
1692-1700	Neubau des Kavaliers der Bastion Kronprinz
1745	Armierung
1757	Flucht des Hofes in die Zitadelle
1793	Optischer Telegraf auf dem Juliusturm
25. 10. 1806	Kampflose Übergabe an die Franzosen
26. 10. 1806	Besichtigung durch Kaiser Napoleon
1813	Befreiungskriege
9. 4. 1813	Beginn des Beschusses durch preußische Truppen
18. 4. 1813	Explosion des Pulvermagazins der Bastion Königin
27. 4. 1813	Abzug der französischen Truppen
1821-42	Restaurierung der Bastion Königin
1838	Zinnenkranz des Juliusturmes nach Entwurf K. F. Schinkels
1839	Fassade des Torhauses
1856-58	Bau des Neuen Zeughauses
1861	Bau der Kaserne an der Nordseite des Hofes
1874	Einlagerung des Reichskriegsschatzes in den Juliusturm
1881-85	Vorblendung des heutigen Außenmauerwerkes
1903	Entfestigung Spandaus
1935-36	Einrichtung eines Heeresgasschutzlaboratoriums. Zahlreiche Um- und Neubauten
2. 5. 1945	Besetzung durch sowjetische Truppen
1945-48	Unter britischer Verwaltung
1950	Otto-Bartning-Schule
1960	Heimatmuseum im Palas
1965	Freigabe des Juliusturmes für Besichtigungen
1976	Vollendung der Restaurierung des Torhauses
1977	Beginn der Restaurierungsarbeiten am Palas

Kommandantenhaus

Südseite der Zitadelle mit Bastion König, Juliusturm, Torhaus und Südkurtine

Zufahrtsdamm und Torhaus (Kommandantenhaus)

Fassadengestaltung 1839-1840

Segmentgiebel mit Wappenkartusche aus der Zeit des Großen Kurfürsten um 1680

Gedenktafel für den General August von Thümen. Enthüllt: 1913

Blick von der Bastion König auf Torhaus, Südkurtine und Bastion Königin

Halle des Torhauses mit Rustikagliederung an den Pfeilern

Pfeiler mit Rustikagliederung

Treppe in der Osthalle des Torhauses.
Links: Büste des Rochus Guerrini Graf zu Lynar. Ehemaliger Standort: Siegesallee, 1901, Martin Wolff

Ostmauer eines Pavillons des 16. Jh. im oberen Stockwerk, freigelegt: 1967

sog. Fürstenzimmer mit Kassettendecke aus Oberitalien, 16. Jh.

Steinerne Kanonenkugeln, 32 und 63 Pfund schwer, 16. Jh.

Gußeiserne Kaminplatte

Turnierharnisch
des Markgrafen Georg Friedrich von Brandenburg-Ansbach und Bayreuth.
Leihgabe für die Ausstellung
,,Aus der Geschichte der Burg und Zitadelle Spandau"

Zufahrtsdamm und Zugbrücke

Balkongitter

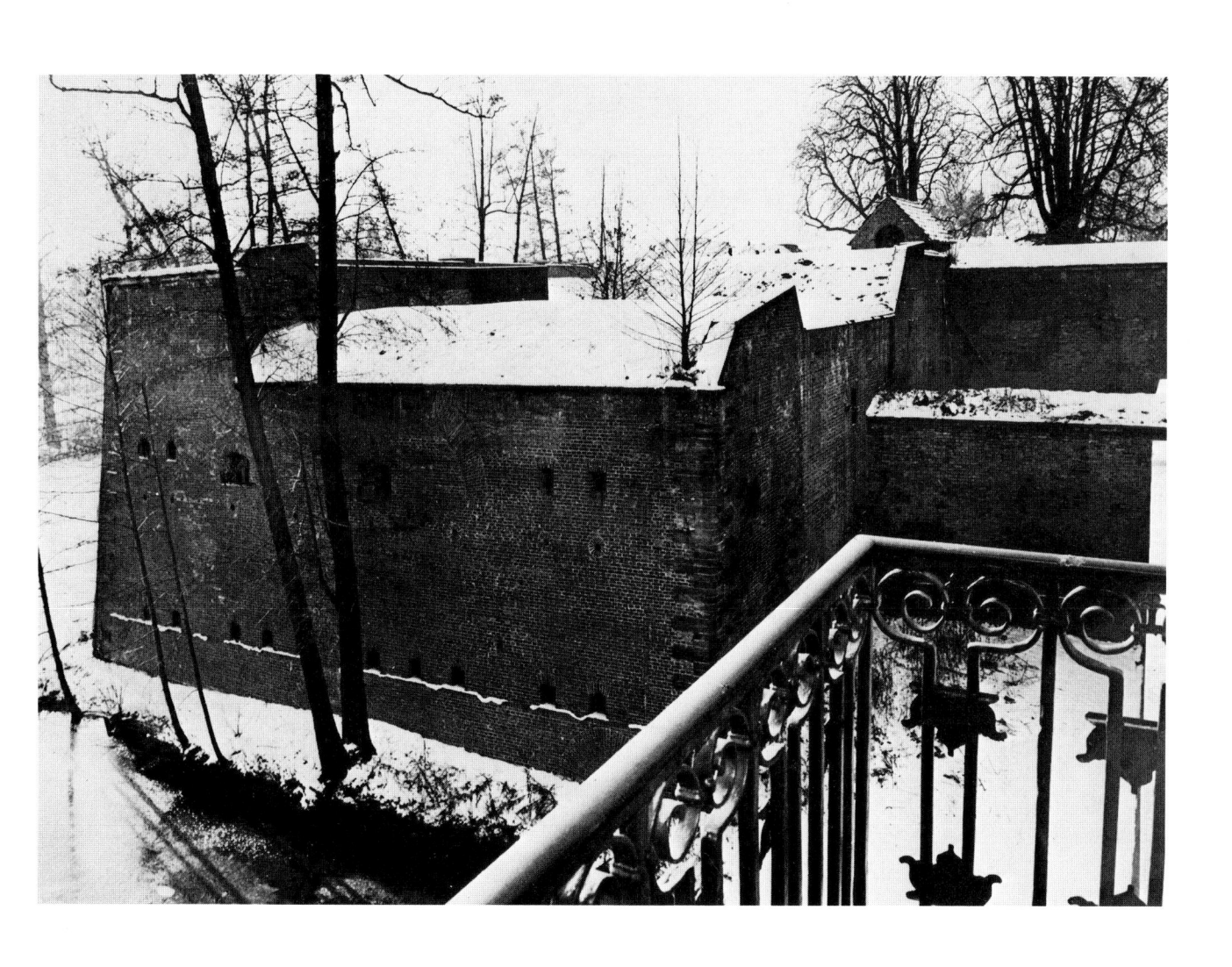

Blick auf die linke vordere und die zurückgezogene Flanke der Bastion König

Konzert vor der Veranda des Torhauses auf der Südkurtine

Löwe vom Eingangstor der Husarenkaserne in der Alexandrinenstraße, 1781, vor der Ostseite des Torhauses

Nordseite (Hofseite)

Architekturdetail der Torgestaltung der Hofseite.
Rekonstruiert: 1976

50

Südkurtine mit Veranda von 1840

Palas

Palas erbaut um 1350. Zwischen Torhaus und Palas ein 1967 rekonstruierter Übergang (Sperlingshof)

Jüdische Grabsteine. Ab 1955 freigelegt, 1969 in die Südwand eingemauert. Der älteste Stein (Mitte) ist 1244 datiert

Gotisches Fenster in der Ostwand. 1976 freigelegt

Juliusturm

Juliusturm mit Zinnenkranz nach Entwurf Karl Friedrich Schinkels, 1838

Blick von der Brustwehr der Bastion König über den rechten Kanonierhof auf den Juliusturm

Wendeltreppe, 1964 rekonstruiert nach der neogotischen Treppe von 1843

Treppe zur Plattform, 1964

Ehemalige Wohnetage mit Kaminnische

Rundblick in Richtung Südwesten. Bildmitte: Nikolaikirche

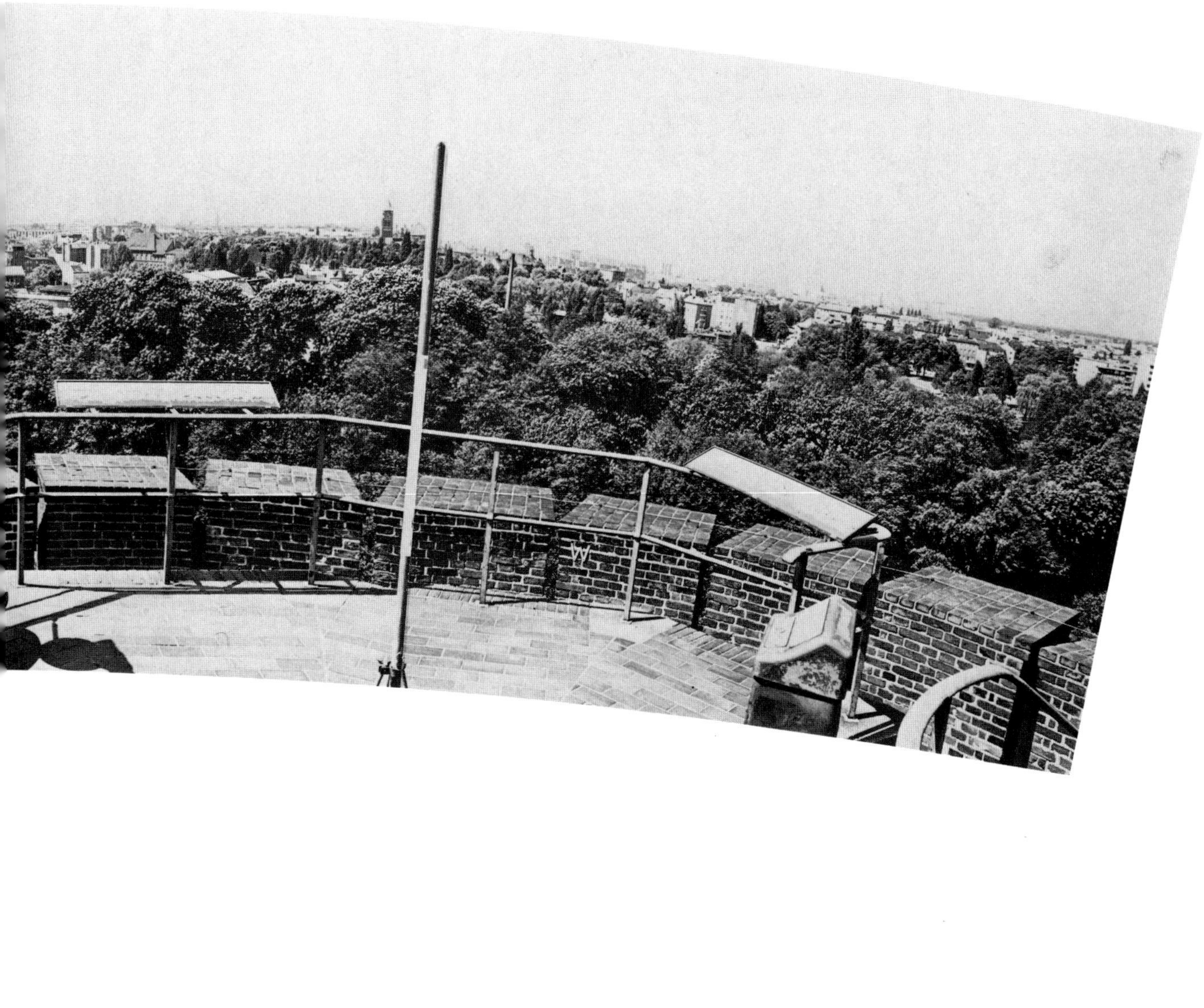

Blick auf die Spandauer Altstadt mit dem Turm des Rathauses (links) und der Nikolaikirche

Blick in Richtung Norden auf die Oberhavel mit der Eiswerderbrücke

Blick in Richtung Osten über die Fabrikhochhäuser in Siemensstadt bis zum Fernsehturm in Ost-Berlin

Bastion König

Linke Face

Rechte Face mit Schießscharten der oberen Verteidigungsgalerie im Wechsel von Kanonen und Handfeuerwaffen

Ecke der Face zur vorderen Flanke mit den Schießscharten der oberen und unteren Verteidigungsgalerie

Linke zurückgezogene Flanke mit den Schießscharten des Kanonierhofes

Bastions-Plateau als dritte oberste Verteidigungslinie mit Wallkrone als Brustwehr und Entlüftungsschächte zum Abzug des Pulverdampfes der oberen Verteidigungsgalerie

Bastions-Plateau mit Kanone von 1875

Blick auf die Altstadt von der Bastionsspitze

Kanonierhof in der rechten Flanke

Erschließungsgänge in der rechten Flanke

Zugang zur Kasematte der rechten Flanke, 1823

Erschließungstreppe

Eingang in die obere Verteidigungsgalerie, 1822

Blick aus der Geschützscharte der rechten vorderen Flanke auf den westlichen Zitadellengraben

Alarm-Verbindungstreppe von der unteren Verteidigungsgalerie zum Plateau

Rechter zurückgezogener Flankenhof mit halboffener Geschützkasematte

Halle hinter dem rechten zurückgezogenen Flankenhof

Rechter zurückgezogener Flankenhof

„Schwarzer Gang", ein tonnengewölbter Korridor mit rundbogigen Wandblenden.
Er verbindet den linken mit dem rechten Flankenhof

Pulvermagazin mit Tonnengewölbe

Untere Verteidigungsgalerie oder Minengang

Bastion Kronprinz

Face der Bastion

Westkurtine und Kanonenturm (Kavalier)

Bauuntersuchungen auf dem Plateau

Kanonenturm

Korridor als Erschließungsgang im Kanonenturm

Wasserspeier am Kanonenturm, 16. Jh.

Ehemalige Schießscharte am Kanonenturm

Schießscharte in Renaissanceform
am Kanonenturm, 16. Jh.

Rauchloch in der Brustwehr
der Nordkurtine

Fenster im Kanonenturm

Fensternische im Kanonenturm

Blick vom Korridor des Kanonenturmes über die Westkurtine zum Juliusturm

Rampe, die auf den Kanonenturm führt, 1976 rekonstruiert

Westkurtine mit Pflasterung aus dem Jahr 1977

Bastionshof

Ausfalltor Hofseite, ehemaliges Hafenportal

Ausfalltor Feldseite mit architektonischer Gestaltung von 1818 und Blick in den ehemaligen Kanalstollen

Fußpunkt für das Wachhaus an der Nordflanke

Nordkurtine

Blick über den Zitadellengraben auf die Nordkurtine in Richtung Bastion Brandenburg

Bastion Brandenburg

Bastion Brandenburg

Face der Bastion

Bastionsspitze und Oberhavel (Krienicke)

Tor in der linken zurückgezogenen Flanke

Italienischer Hof

Bogenarchitektur und Wandgliederungen in den Italienischen Höfen

Bogenarchitektur des westlichen Italienischen Hofes

Eingang in die Italienischen Höfe

Rampe zur Nordkurtine und auf die Bastion. Rechts: Eingang in die Italienischen Höfe

Portal auf der Rampe

Verschiedenartig gestaltete Geländer auf der Bastion

Geländer zwischen Rampe und Italienischem Hof

Geländer des 19. Jahrhunderts

Zurückgezogene Verteidigungsstellung

Plateau mit den Laborgebäuden des ehem. Heeresgasschutzlaboratoriums. Erbaut: 1935-1936

Bronzeplastik „Die Frage", 1901, des Bildhauers Reinhold Boeltzig, aufgestellt: 1976

Bastion Königin

Face der Bastion

Brücke zwischen der Süd- und Ostkurtine

Geländer aus Gußeisen auf der Brücke in neogotischen Formen. Nach dem beschädigten Original von 1842 mit Ergänzungen 1976 neu gegossen

Gedenkstein für die Haubitz-Batterie Baumgarten. Aufstellung: 1977. Ursprünglicher Standort: Charlottenburger Chaussee Ecke Teltower Straße

Südkurtine

Südkurtine mit abgeböschtem und begrüntem Erdwall als Brustwehr

Südkurtine in Richtung Westen

Gedenkstein für die Haubitz-Batterie Baumgarten. Aufstellung: 1977. Ursprünglicher Standort: Charlottenburger Chaussee Ecke Teltower Straße

Südkurtine

Südkurtine mit abgeböschtem und begrüntem Erdwall als Brustwehr

Südkurtine in Richtung Westen

Südkurtine (rechts) und Bogenarchitektur der Bastion Königin

Innenhof

Neues Zeughaus. Erbaut: 1856-1858

Rückwand des 1813 zerstörten Zeughauses an der Südseite des Hofes

Magazingebäude an der Ostseite des Hofes

Fassadengliederung am Magazingebäude

Kaserne an der Nordseite des Hofes. Erbaut: 1860-1861

Zitadellenhof

Schwert der Skulptur des Ares, aufgestellt im Zitadellenpark 1964

Zitadellenpark mit Resten der ehemaligen Wallanlagen

Backstein der Ziegelei Eduard Borchmann aus Rathenow, 2. H. 19. Jh.